Manfred Elsässer

Von oben gehoben

Gedichte

FRIELING

Bibliografische Information der Deutschen Nationalbibliothek
Die Deutsche Nationalbibliothek verzeichnet diese Publikation in der Deutschen Nationalbibliografie;
detaillierte bibliografische Daten sind im Internet über http://dnb.d-nb.de abrufbar.

© Frieling-Verlag Berlin
Eine Marke der Frieling & Huffmann GmbH & Co. KG
Rheinstraße 46, 12161 Berlin
Telefon: 0 30 / 76 69 99-0
www.frieling.de

ISBN 978-3-8280-3428-0
1. Auflage 2018
Umschlaggestaltung: Michael Reichmuh
Sämtliche Rechte vorbehalten
Printed in Germany

Inhalt

Dreifacher Dank	9

Als Mensch unter Gott

a) *ein in diese Welt Hineingeborener*

Christliche Verhaltensregel	11
Leib und Seele	12
Von der Liebe	14
Löbauer Straße 61, Leipzig	15
Frau X – die geheilte Feministin	16
Louis Spohr und ich	17
Freundschaft	18
Sängerehrung	19
Richtiger und falscher Umgang mit Schuld	21
Unheldenhaftes	22
Lob echter Menschlichkeit	24
Leichte und schwere Rätsel	25
Christliche Alternative	27
Kunstwerk und Künstler	28
Mensch und Christ	30
In Leipzig-Schönefeld	33
Adelheid 2	34
Der Fußballer	35

b) *ein unter Mitmenschen Lebender*

Logik und Barmherzigkeit	37
Der Ausweg	39
(Ex-)Bausoldatentreffen 2017	41
Eine liebe Frau und ich	42
Lob der Treue	43
Die nichtideale Adelheid	44
Als Christ unter Menschen	46
Die Frau – Übel oder Hilfe	48
Frau N. N. und ich	49
Herr K. und Herr N.	50
Neid oder Mitfreude	51
Meine Mitmenschen und ich	52

Der verhinderte Unfall	54
Das schwarze Schaf	55
Echte Freunde	56
Neujahrswunsch an Margot	57
Meinem Amtsbruder M. G. gewidmet	58
Von mir über mich	59

c) *ein Deutscher*

Christ und Deutscher	61
Preußen und Sachsen	62
Saisoneröffnungsfahrt Leistner Reisen 2017	64
Nach der Wahl	67
Unser Deutschland	68
Urlaub auf Rügen damals	70
Verborgene Städte	72
Saisonalabschlussreise mit Leistner Reisen in die Schweizer Berge vom 11.–15. Oktober 2017	74

d) *ein mit der deutschen Sprache Spielender*

Verrücktes in Deutschland und anderswo	79
Quer durch Deutschland	81
Musikalische Schüttelreime	84
Kindisches Indisches	85
In Europa	86
Die Oma H.	88
Merkwürdiges in deutschen Städten	89
Am Horstsee	91
Neue seltsame Geschehnisse	92

e) *ein von geschichtlichen Persönlichkeiten Geprägter*

Goethes Faust und die Bibel	95
Erasmus und Luther oder „De libero arbitrio" und „De servo arbitrio"	97
Heutige Memoiren und biblische Berichte	99
Für und gegen	101
Wie man Luther verstehen muss	103

f) *ein sich mit dem Zeitgeist Auseinandersetzender*

Höchste Lebensqualität	105
In Spanien	108
An noch vernünftige AfD-Wähler	109

Leipzig – quo vadis?	110
Mensch, Gott und Weltgeschehen	112
Warnung	115
Der Mensch von heute	117
Die „gute alte Zeit" oder „Effi Briest" und wir heute	119
Hans-guck-in-die-Luft heute	120
Wehret dem Hass	121
Ein Scheich in Deutschland	124
Von der SPD	125
Die wahren Christen	127

g) *ein von Krankheit Geplagter*

Die Heilerde	129
Segen des Altersleidens	130
Im Frankenland	132
Ein Rückfall und seine Lehren	133
Der Patient und das Krankenhaus	135
Im Krankenhaus	136
Erlebnis bei der Physiotherapeutin	137
Der seltsame Doktor	138
Nach der Knieoperation	139

h) *ein von Gott Geliebter*

Herr N., ich und Gott	141
Verstand und Glauben	142
Göttliche Wünsche	143
Das Unrecht	144
Unglauben und Glauben	145
Dankgebet	146
Gottes Gnadenangebot	147
Abgesang	148
Schuld und Gnade	149
Der göttliche Heilweg	151
Gottvertrauen	153
Auferstehung	154
Göttliche Beseligung	155
Segen des Vergebens	156
Unser Leiden	157
Vor dem Weihnachtsfest	158
Tischgebet	159
Lob der Gnade Gottes	160

	Gesegnetes Vergeben	161
	Die entscheidende Blickrichtung	162
	Zwei Tischgebete	163
	Gott – der Sündenbock oder der Herr	164
	Noch ein Tischgebet	167

i) ein auf Christus Vertrauender

Postmortale Hoffnung	169
Der Teufel uns seine Überwindung	171
Gott der König	172
Gott der Herr und Vater	174
Ostern und unser Lebensziel	176
Misstrauen und Vertrauen	177
Das Goldene Ehejubiläum	178
Christliche Perspektive	180
Ende und Neuanfang	181
Überheblichkeit und Demut	182
Falscher Ehrgeiz	183
Erlebte Gotteshilfe	184
Christliche Demut	185
Von oben gehoben	186
Kleines Tischgebet	188

j) ein die Bibel Lesender

Die sieben Sendschreiben Jesu (Offenbarung 2 und 3)	189
Philosophen und Jesus	191
Ein Gleichnis Jesu (Matthäus 25, 14-30) und ich	193
Verderben oder Heil	194
Christliche Existenz	196
Jesus – das Brot des Lebens (Johannes 6, 35)	198
Der Schatz	200
Die Möglichkeit des „Nein"	202
Maria und Martha (Lukas 10, 38-42)	204
Gewünschtes und gegebenes Zeichen (Matthäus 16, 1-4)	206
Mose und der brennende Dornbusch (2. Mose 3, 1-15)	209
Nietzsche und Jesus	212

k) ein Mensch mit Humor

Die Reiterin	213
Beim Frühstück im Hotel	214
Bei der Masseuse	215

Vorlieben einiger Leute	216
Hündisches	217
Hausfrauenmalheur	218
Bekenntnisse einer Masseuse	220
Geplatzte Geschlechtsumwandlung	221
Eskapaden eines großen Philosophen oder Ine und der Sonntag Kantate	223
In Zwickau	224
Die wunderbare Adelheid	225
Peter K.	226
Auf der Toilette	227
Herr Lohse	228
Die Zentralveranstaltung	229
Herrn Dr. Tümpel gewidmet	230
Italien	230
Vor einem Einkauf	231
Der Weisheitszahn	232

l) ein Glied der Kirche

In einem Kirchensaal	233
Ordinationsjubiläumsfeier 2017	234
Manfred und seine Gedichte	235
Hass und Liebe – Islam und Christentum	237
Festgedicht zur Amtseinführung des neuen Superintendenten Harald Pepel im Dom St. Marien am Sonntag Invokavit 5. März 2017	238
Im Gottesdienst	240
Christliche Kirche und Menschen	242
Festgedicht zur Amtseinführung eine Pfarrers	244
Kirche und Nichtgedeihlichkeit	246

Lösung der Städte (Gedicht: Verborgene Städte)   *247*

Dreifacher Dank

Als Vorspann dieses Buches möchte ich einen dreifachen Dank aussprechen.

Der erste Dank gebührt Gott, der mich als Mensch mit menschlichem Denk- und Empfindungsvermögen ausgestattet und mich bis hierher mit allem Lebensnotwendigen versorgt hat und gnädig geführt hat bis ins Alter hinein.

Der zweite Dank gebührt allen Menschen, die beim Zustandekommen dieses Buches mitgeholfen haben. Dazu gehören vor allem Frau Gabriele Mahlmeister, die wieder meine handgeschriebenen Verse druckfertig gemacht hat, der Frieling-Verlag, aber auch alle Menschen, die mich irgendwie zum Dichten angeregt haben.

Der dritte Dank dann gebührt allen Lesern dieses Werkes, die sich mühen, sich etwas in die subjektive Sicht eines Poeten hineinzuversetzen, um alles bestmöglich zu verstehen. Ich wünsche ihnen allen, dass sich ihre Bemühungen am Ende gelohnt haben.

Als Mensch unter Gott

a) ein in diese Welt Hineingeborener

Christliche Verhaltensregel

Dies sei, solange wir noch leben,
die Regel zwischen dir und mir:
Wo Unrecht war, das ist vergeben;
für alles Gute dank' ich dir.

Leib und Seele

Die Menschen haben nie vergessen:
Wer leben will, der muss auch essen,
weshalb sie für den Leib begehren,
genug an Nahrung zu verzehren.

Doch längst nicht alle danach streben,
der Seele Nahrung auch zu geben.
Sie meinen, dass sich das nicht lohne,
denn dabei geht es doch auch ohne.

Dann kriegt man langsam es zu spüren,
wohin die Defizite führen,
des Lebens Krone zu verlieren.
Man sinkt hinunter zu den Tieren.

Bestimmt allein noch von den Trieben,
die Menschen nur noch Dinge lieben,
wo sie getrieben sind vom Willen,
dass sie des Fleisches Lüste stillen.

Dass Menschen von der Höhe weichen,
dafür setzt auch die Sprache Zeichen.
Die Worte, die man spricht, verrohen,
denn man benutzt sie, um zu drohen.

Man kann auch nicht mehr davon lassen,
die Menschen auf der Welt zu hassen,
die, weil von Gott sie unterwiesen,
sich nicht so arg verführen ließen.

Geht heute man auf solchen Wegen,
dem eig'nen Untergang entgegen?
Will man das Menschsein nicht zerstören,
muss wieder neu auf Gott man hören.

Von der Liebe

Natürlich weiß ich als ein Christ,
dass dies vor allem wichtig ist,
dass Gott treu sorgend an uns denkt
und väterliche Liebe schenkt.

Doch weil ein Mensch, ein Mann ich bin,
steht außerdem darauf mein Sinn,
dass es auch dieses für mich gibt,
dass man mich irdisch-menschlich liebt;

dass man zu mir ins Angesicht
echt liebevolle Worte spricht,
daneben manchmal zeichenhaft
der echten Liebe Ausdruck schafft;

und wurde ich mal schuldig, man
mir meine Schuld vergeben kann,
wobei man keinesfalls vergisst,
dass selbst man auch ein Sünder ist;

weshalb man Liebe da auch zeigt,
wo man statt böser Worte schweigt,
sich informiert, worum es geht,
und hilfreich dann zur Seite steht.

Will solche Liebe haben ich,
dann müh' ich selbstverständlich mich,
dass ich, was ich begehr', auch tu.
Gott geb' mir Seine Kraft dazu.

Löbauer Straße 61, Leipzig

Zu Haus, wo ich vor vielen Jahren
gewohnt, bin ich mal hingefahren,
um dort mir selbst es anzusehen,
was mit dem Hause ist geschehen,
seit ich aus diesem Haus heraus bin
und nicht mehr Mieter in dem Haus bin.
Als ich am Ziel bin angekommen,
war ich vor Scham und Wut beklommen,
weil meinen Augen ich nicht traute.
So furchtbar war, was ich da schaute.
Ganz traurig wurde meine Miene,
denn dieses Haus war fast Ruine.
Es würde sich wohl nie mehr lohnen,
dass darin wieder Menschen wohnen.
Es würde wohl bald abgerissen.
Das fand ich wirklich sehr besch … (… ämend).
Bedauerlich auch dessentwegen –
fand ich bei meinem Überlegen –
weil es dann niemals kann passieren,
dass dieses Haus mal würde zieren,
dass eine Aufschrift ist zu lesen:
„Hier ist Herr Elsässer gewesen,
der hier die ersten Schritte machte
und seine Jugendzeit verbrachte".
Mich würde niemand mehr erwähnen.
Mir kamen dabei fast die Tränen.
Ich musste schnell von dort verschwinden,
um wieder Besseres zu finden.

Frau X – die geheilte Feministin

Als mal ihr Mann viel Blödsinn machte,
Frau X sich im Geheimen dachte:
An diesem meinem Mann, dem frechen,
muss ich mich endlich einmal rächen,
weshalb sie sich zu seinem Leide
formal dem Feminismus weihte.
Ihr Herz ist nie dort angekommen,
drum hab' ich sie nicht ernst genommen,
wobei sie ganz gewiss auch merkte,
dass ich sie gar nicht darin stärkte.
Sie hielt das auch nicht durch auf Dauer,
ihr biblisch Denken war die Mauer,
die diesem üblen Denken wehrte,
bevor sie sich darin verzehrte.
So hat sie schnell das überwunden,
zur Christlichkeit zurückgefunden,
zum Dienst des Willens Gottes wegen,
zum Leben unter seinem Segen
zum Gutes-Stiften mit den Gaben,
die wir aus Seinen Händen haben.
So möge sie in ihrem Leben
noch vielen Menschen Freude geben.

Louis Spohr und ich

In Zwickau gibt es einen Chor,
in dem ich lang schon singe.
In diesem nahmen wir nun vor
von Spohr „Die letzten Dinge".

Von Spohr zu singen macht Genuss,
da bin ich mir im Klaren,
genau wie an den Bosporus
nach Istanbul zu fahren.

Ein Werk von Spohr, das geht ins Ohr.
Aus diesem Grunde rat' ich:
Man singe öfter was von Spohr
und tu's nicht nur sporadisch.

Wie es bei Pflanzen manche gibt,
die haben in sich Sporen,
auch mancher Sänger Spohr so liebt,
dass er sich ihn erkoren.

Und kannst du singen, doch beim Sport
es allzu weit nicht bringen,
dann wird, drauf gebe ich mein Wort,
beim Spohr dir das gelingen.

Freundschaft

Bedenkt, dass nichts ich davon hab',
besucht ihr mich an meinem Grab,
wenn ihr zu diesem einmal eilt
und fünf Minuten dort verweilt,
dem Grabstein Aufmerksamkeit schenkt
und dann vielleicht sogar so denkt:
So manches, was der Mann vollbracht',
das hat er gar nicht schlecht gemacht.

Da ist es doch viel lieber mir,
dass ihr, solange auf Erden hier
ich noch in diesem Leben bin,
ihr darauf richtet euren Sinn,
dass ihr zu mir seid allezeit
sehr liebevoll und hilfsbereit
und dass ihr das von Herzen tut,
was mir für Leib und Seele gut,
dann ehrlich ihr die Meinung sagt,
auch wenn euch etwas nicht behagt,
nicht freundlich ins Gesicht mir sprecht
und hinterm Rücken mich macht schlecht
und dass ihr dann zur Wehr euch setzt,
wenn gegen mich mal jemand hetzt,
wenn jemand böses Spiel betreibt,
dass ihr dann meine Freunde bleibt
und immer da sein, wenn mir Not
in irgend einer Weise droht,
dass ich in solcher Lage dann
mich ganz auf euch verlassen kann.
Verhaltet ihr zu mir euch so,
dann macht mich das von Herzen froh.

Sängerehrung

Herr Manfred Elsässer schien wert,
dass man ihn jetzt als Sänger ehrt,
weil er schon 60 Jahre lang
in einem Kirchenchore sang.
2017 das geschah,
wo man als Jubilar ihn sah.
Das dieses auch geschah zu recht
ich allen jetzt bekunden möcht'.

In Leipzig-Schönefeld im Chor
nahm ich mir mitzusingen vor,
als 17 Jahre alt ich war.
Musik ist toll, das war mir klar.

In meiner Bausoldatenzeit
war ich mit anderen bereit,
zu singen auch an jedem Ort,
wo's einen Kirchenchor gab dort.
Die Leute dort erfreute das,
sie hatten nun Tenor und Bass.

Als in Kleinwaltersdorf sodann,
als Pfarrer ich den Dienst begann,
begab mit meinem Fahrrad ich
zum Chor stets nach Kleinschirma mich,
wo ich dort mitgesungen hab',
weil da es Männerstimmen gab.

Als dienstlich ich nach Zwickau kam
und eine Stelle übernahm,
war selbstverständlich mir der Schritt,
dass ich im Moritzchor sang mit.

Doch übte damals auch bereits
der Domchor auf mich aus den Reiz,
der so in meine Seele drang,
dass bald auch dort im Chor ich sang
und ich in ihm bis heute blieb,
denn dieser Chor war mir sehr lieb.

Als ich dann in den Ruhestand
in Schönfels eine Wohnung fand,
hab' ich, von allen wohl bemerkt,
auch dort den Chor im Bass verstärkt.
Doch zog ich dann zu meinem Glück
nach Zwickau wieder hier zurück,
doch wohne ich nun diese Mal
im westlichen Marienthal;
und wieder schloss als Sänger dann
ich mich der Kantorei dort an,
sodass in vielen Chören ich
als Sänger hab' betätigt mich.
Und dieses ich bekenne hier:
Es macht große Freude mir.

Richtiger und falscher Umgang mit Schuld

Wenn wir irgendwelchen Leuten
früher einmal Unrecht taten
und inzwischen längst bereuten
diesen angetanen Schaden,

sollten wir zu dem auch stehen,
was die anderen erlitten,
und für das, was da geschehen,
diese um Verzeihung bitten.

Und weil wir als Christen wissen,
dass wir von Vergebung leben,
sind wir dazu auch beflissen,
Schuld den andern zu vergeben.

Doch ist falsch, wenn Leute meinen,
einen Ausgleich zu erreichen,
wenn sie überfreundlich scheinen,
um so alte Schuld zu streichen.

Denn was solche Leute treiben,
das macht niemandem Vergnügen.
Es lässt alte Schuld so bleiben,
um ihr neue zuzufügen.

Unheldenhaftes

Wenn viele Leute von mir meinen,
ich würde nicht als Held erscheinen,
dann habe ich da eine Frage
und bitte, dass man klar mir sage:
Wer sind denn die, die als die Helden
dann unter andern Menschen gelten?

Sind die es, die in vielen Kriegen
recht viele andere besiegen,
um als die Starken stets die Schwachen
zu Unterlegenen zu machen;
die Überlegenheit sich schaffen
auch mit sehr unheilvollen Waffen
und auch auf Lügen nicht verzichten,
um andere möglichst zu vernichten,
damit, wenn diese untergehen,
sie als die Helden oben stehen
und dabei dann darüber wachen,
dass andere, was sie sagen, machen
und dann von ihnen noch erklären,
dass sie die Allergrößten wären?

Sind es vor allem die Personen,
die sich und andere nicht schonen,
selbst wenn beim Kampf nicht kann gelingen,
den Sieg am Ende zu erringen;
die ihren Führern blind vertrauen,
nicht selber denken, selber schauen
und unbeirrbar weiter streiten,
bis sie den Heldentod erleiden?

Soll man die Leute Helden heißen,
die groß mit Worten um sich schmeißen
und es vermögen, Bagatellen
vor anderen so darzustellen,
dass primitive Leute denken:
„Wie kann der Mann uns Weisheit schenken?",
und manches Mal so laut kann schreien,
damit die andern ruhig seien,
dass niemand mehr es dann will wagen,
dagegen noch ein Wort zu sagen,
der mit besonderem Vergnügen
auch andre Leute kann belügen,
sodass die meisten gar nicht spüren:
Er will sie hinters Licht nur führen?

Sind die es, die mit Mannesstärke
stets bei den Frauen geh'n zu Werke,
dass sie mit falschen Liebesschwüren,
versuchen, diese zu verführen,
dass sie mit Worten sie betören,
damit sie ihnen ganz gehören,
um sich mit ihrem ganzen Leben
freiwillig ihnen hinzugeben,
und Männer dann mit hohen Zahlen
so wie Don Giovanni prahlen?

Ich will mich gern dazu bekennen,
da nicht den Helden mich zu nennen.
Ich will als Mensch mich darein fügen,
dass ich mich damit muss begnügen,
dass man von Gaben wohl kann sprechen,
doch leider auch von manchen Schwächen.
Und weil mich Gott auch so will lieben,
bin auch gern ich kein Held geblieben.

Lob echter Menschlichkeit

Nicht oft ist das Gefühl vorhanden:
Ich werd' von anderen verstanden,
jedoch wenn ich es kann erleben,
dass man sich Mühe hat gegeben,
mich auch im Innern zu erfassen
und in das eig'ne Herz zu lassen,
dann möchte ich all denen danken,
die ihres Egoismus Schranken
mit ihrer Liebeskraft durchbrechend,
das eig'ne Herz auch lassen sprechend
zu mir es im Vertrauen wagten,
dass sie zu mir auch Dinge sagten,
die wir vor andern gern verbergen,
damit sie nicht die Schwachheit merken
und auch die Schuld, die wir begangen,
wo es die Menschen meist verlangen,
dass wir sie nicht bei ihnen kennen
und gar vielleicht beim Namen nennen.
Doch nur, wenn wirklich wir die wahren
Gedanken andern offenbaren
und uns dazu auch überwinden,
zu zeigen, was wir echt empfinden,
kann unter Menschen hier auf Erden
ein gutes Miteinander werden.
Und so etwas ist leider selten.
Doch will ich nicht die Menschen schelten.
Es seien aber die gepriesen,
die solche Liebe mir erwiesen.

Leichte und schwere Rätsel

Als ich vertieft mit meinem Geist
in eine Zeitschrift war,
da ward, warum sie weiblich heißt,
mit einem Mal mir klar.

In einer Zeitschrift Rätsel sind,
die man da raten soll,
bei Frau'n den Eindruck man gewinnt:
auch sie sind rätselvoll.

Wenn Zeitschrifträtsel löste man,
ist man darüber froh;
jedoch bei Frauen denkt man dann:
Na, die ist auch nur so.

Jedoch sind es die Frauen wert,
dass man mit ihnen spricht,
weil Liebe man da oft erfährt,
von einer Zeitschrift nicht.

Die Zeitschrift die's im Handel gibt,
ist gegenständlich nur.
Doch ist der Mensch von Gott geliebt
als Seine Kreatur.

Wenn solche Gottesliebe strahlt
in unser Herz hinein,
macht unser Mensch-Sein sich bezahlt
trotz unserm Sünder-Sein.

Und wenn man solche Leute spürt
beim anderen Geschlecht
und sie bei uns zu Gutem führt,
dann ist vor Gott das recht.

Christliche Alternative

In dieser Welt mit ihrem Treiben
will ich im Glauben standhaft bleiben.
Ich gebe mich mit dem zufrieden,
was mir von Gott her wird beschieden.

Ich will nicht wie die meisten leben,
will nicht nach Geld, Macht, Ehre streben,
will nach dem Reiche Gottes trachten
und stets auf Gottes Willen achten.

Und werd' ich schuldig – wie wir alle –
so will ich stets in solchem Falle
nicht Christi Angebot verpassen,
die Schuld vergeben mir zu lassen.

Ich will nicht auf mich selber bauen,
stattdessen stets auch Gott vertrauen,
denn Sein Geist gibt uns Menschen Stärke
und wirkt die gottgewollten Werke.

Ich will auch stets das Ziel bedenken:
Das ew'ge Leben will Gott schenken,
will als vom Erdenleid Befreiten
uns große Herrlichkeit bereiten.

Kunstwerk und Künstler

In der Kunst ist bei den Werken
großer Künstler dies zu merken:
Etwas ist von ihrem Wesen
aus den Werken abzulesen.
Dieses lohnt sich aufzulisten
bei den großen Komponisten,
wo die Stücke, die von Haydn,
sich von Mozart unterscheiden,
vollends wenn wir einbeziehen
Beethovens neun Symphonien.
Ähnlich kann man das bei Bildern
Rembrandts oder Rubens' schildern.

Von Erkenntnissen wie diesen,
sollte man dann weiter schließen:
Wenn wir auf die Dinge sehen,
die in dieser Welt bestehen,
Sonne, Sterne, Mond betrachten
und auch die Natur beachten,
einzeln oder auch im Ganzen
alle Tiere, alle Pflanzen,
schließlich auf uns Menschen schauen,
die wir Männer oder Frauen,
was wir alles können denken,
wohin unsre Schritte lenken,
was mit allen unsren Sinnen
wir für Eindrücke gewinnen,
was mit Kopf und unsern Händen
wir beginnen und beenden,
sollten an so manchen Tagen
wir mit Ernst uns dieses fragen:

wie ist alles denn entstanden,
das in dieser Welt vorhanden,
das so wunderbar gestaltet,
ob da nicht ein Schöpfer waltet,
der sich alles das erdachte
und dann zur Vollendung brachte,
was seit vielen tausend Jahren
man als wirksam kann erfahren.
Darum sei es uns Begehren,
Gott, den Schöpfer, recht zu ehren.
Ihn mit Worten und durch Weisen
für das alles stets zu preisen,
was wir nun als Seine Gaben,
die für uns so nötig, haben.

Mensch und Christ

I

Ich bin als Mensch auf dieser Welt,
wo ich mit andern lebe,
und wünsche, dass, was mir gefällt,
das Schicksal stets mir gebe.

Ich habe alle Dinge gern,
die Freude mir bereiten
und halt' am liebsten von mir fern
die Krankheit und das Leiden.

Was gut schmeckt, das genieße ich
beim Trinken und beim Speisen
und öfters mal erfreu' ich mich
an wunderschönen Reisen.

Viel Freude macht mir die Musik,
gern hör' ich gute Töne
und richte gern auch meinen Blick
auf alles wirklich Schöne.

Ich war ein Junge, wurde Mann
und freue mich, wenn Frauen
mich liebevoll mal sehen an
und mag auch gern sie schauen.

Bei anderen bin ich bedacht,
mich möglichst gut zu zeigen;
dass oft auch Fehler ich gemacht,
das will ich gern verschweigen.

Es ist mir auch im Leben recht,
wenn andere mich loben;
doch macht man mich vor andern schlecht,
möchte' ich am liebsten toben.

Und wenn es um das Kämpfen geht,
dann möchte gern ich siegen,
dass der Erfolg am Ende steht
und nicht das Unterliegen.

II

Doch weil als Mensch ich auch als Christ
zu Christus mich bekenne,
als das, was da mir wichtig ist,
ich folgendes jetzt nenne:

Will Gott auch unser Vater sein,
wie Jesus es uns lehret,
dann lasse ich mich darauf ein,
dass Er es mir bescheret,

dass das, was „unser täglich Brot"
mir zur Verfügung stehe
und mir durch Ihn, wenn ich in Not,
Errettung dann geschehe.

Was ich als Mensch zum Leben brauch',
nehm' ich aus Gottes Händen,
und darum will zum Dank ich auch
mich lobend an Ihn wenden.

Und dabei bitte ich auch Ihn
um Seinen großen Segen,
dass ich dem Bösen kann entflieh'n
und geh'n auf Seinen Wegen.

Ich richte nun mein Augenmerk
vor allen andern Dingen
auf Jesus Christus und Sein Werk;
durch Ihn kann Heil gelingen.

Ich fürchte nicht das Weltgericht,
das jeder wird erleben,
weil Jesus Christus zu mir spricht:
Die Schuld hab' ich vergeben.

Ich freue viel mehr jetzt mich schon
auf das, was dann wird kommen:
auf den von Gott versproch'nen Lohn
für alle wirklich Frommen.

Von Krankheit und von Leid befreit,
das hier es gibt auf Erden,
wir dann in Gottes Ewigkeit
für immer leben werden.

In Leipzig-Schönefeld

Beim Haus, in dem ich früher war
ist heutzutage jedem klar,
dass da, seit langem unbewohnt,
sich Renovierung nicht mehr lohnt,
sodass es mehr und mehr verfällt,
bis endlich es Befehl erhält,
dass es, weil es erregt Verdruss,
nun abgerissen werden muss.
Da habe ich bei mir gedacht:
Warum hat man da nichts gemacht,
als es noch gut war und auch leicht,
dass man Erneuerung erreicht?
Ich dachte dann in meinem Wahn:
Vielleicht hat man da einen Plan,
dass, weil ich dort geboren bin,
man da baut ein Museum hin,
mit einer schönen Aufschrift dran,
dass jedermann erkennen kann,
dass dieses Haus nun es beweist:
hier lebte mal ein großer Geist.
Ich denke, findet dieses statt,
man doch sehr klug gehandelt hat.

Adelheid 2

Heilig war vor langer Zeit
einmal eine Adelheid;
und nach der, wie mir bekannt,
hat man dann auch Dich genannt.

Aber Du gabst ehrlich zu,
gar so heilig bist nicht Du.
Doch ich liebe Dich auch so,
und ich hoff', das macht Dich froh.

Und nach altem deutschen Brauch
liebt längst meine Frau Dich auch,
was von Deinem Ehemann
auch bei mir man sagen kann.

Großes Unrecht da geschieht,
wo das jemand anders sieht,
denn wir lieben jedes Mal,
so wie Christus das befahl.

Der Fußballer

Er kam sich wie ein Großer vor.
Er kämpfte wie besessen.
Er schoss auch mal ein schönes Tor.
Das hat er nicht vergessen.

Verloren hat sein Team sehr oft.
Dann schlich er mit von hinnen,
und hat fürs nächste Spiel gehofft,
dass sie dann das gewinnen.

Doch wenn man mal ein Spiel gewann,
dann wurde es genossen.
Man ging in eine Kneipe dann.
Dort wurde es begossen.

Wenn man ein Spiel verloren hat,
ging auch man in die Schenke.
Da fand dann als die Tröstung statt,
dass man den Frust ertränke.

b) ein unter Mitmenschen Lebender

Logik und Barmherzigkeit

Wenn andre dir untersagen,
nach ganz Bestimmten sie zu fragen,
dann sollten folgendem Bedenken
sie ihre Aufmerksamkeit schenken.

Es will kein Mensch darauf verzichten,
von sich was Gutes zu berichten,
denn es zählt zu den Hochgenüssen,
wenn andre einen loben müssen.

Doch Schlechtes will man gern verbergen,
damit die anderen nicht merken:
Es hat bei sich in seinem Leben
auch manchen dunklen Fleck gegeben.

Wird man zum Schweigen angewiesen,
so ist also daraus zu schließen:
Es gibt bei dem auf alle Fälle
im Leben eine dunkle Stelle.

Und überlegt man dann genauer,
erfüllt es den, der liebt, mit Trauer,
dass so gering ist das Vertrauen,
dass man nicht das Herz lässt schauen.

Man möchte doch so gern verstehen,
warum, was war, so ist geschehen,
und hat im Herzen das Begehren,
Barmherzigkeit da zu gewähren.

Denn lässt ein Mensch Erbarmen walten,
ist's, ebenso wie es erhalten,
für wirklich liebevolle Leute
noch immer allergrößte Freude.

Der Ausweg

Obwohl wir gern mal Krimis sehen,
wo Lügen, Raub und Mord geschehen,
wir geben doch dem Menschen Ehre,
als ob ganz ideal er wäre.

So macht uns Menschen es Vergnügen,
uns selbst und andre zu belügen,
uns besser, als wir sind, zu zeigen
und Schlechtes von uns zu verschweigen.

Doch es ist Jesus einst gekommen
und hat den Menschen ernst genommen,
indem Er Seine Schuld erkannte
und dann auch klar beim Namen nannte.

Doch ließ Er es nicht bei der Klage.
Er schuf den Ausweg aus der Lage,
dass uns nicht Strafen Gottes plagen,
hat Er am Kreuz sie abgetragen.

Nun ist für Sünder Gottes Frieden,
weil es Vergebung gibt, beschieden.
Doch muss man Jesus sich ergeben,
will Gnade Gottes man erleben.

Und will sich unser Stolz da wehren,
obwohl die Gnade wir begehren,
dann dürfen zu den Glaubensschritten
von Gott die Hilfe wir erbitten.

Sein Geist will uns Erkenntnis schenken,
dass wir zu hoch nicht von uns denken,
dass wir nach dem, was Er gibt, fassen
und uns von Ihm dann leiten lassen.

Am Ende werden wir es spüren:
Gott wollte in Sein Reich uns führen,
wo anders als jetzt hier auf Erden
wir ewig herrlich leben werden.

(Ex-)Bausoldatentreffen 2017

Als wir einst als Bausoldaten
– zu erkennen an dem Spaten –
vor jetzt mehr als 50 Jahren
in der selben Einheit waren,
war es, ehe wir entlassen,
wichtig, den Entschluss zu fassen:
Was, in dieser Zeit entstanden,
an Gemeinschaft ist vorhanden,
soll, das wollen fest wir schreiben,
unter uns erhalten bleiben.
Jährlich soll es so geschehen,
dass zu einem Wiedersehen
je an einem Wochenende
einen guten Ort man fände,
wo wir dieses jeweils machten
und dabei auch übernachten.
Darum hat in diesen Tagen
es nach Kohren[1] uns verschlagen.
Wieder konnten wir erleben,
was sich oft schon hat begeben:
Christen, die Gemeinschaft pflegen,
stehen unter Gottes Segen.

---

1 Etwa in der Mitte zwischen Leipzig und Chemnitz.

Eine liebe Frau und ich

Es hat die Frau viel Herzenswärme,
die sie entgegen mir gebracht,
weshalb ich manchmal für sie schwärme,
wie das ein kleiner Junge macht.

Ich kann nichts Schlechtes von ihr dichten;
und hab' ich solches mal erkannt,
dann will ich gern darauf verzichten,
dass auch ihr Name wird genannt.

Doch deshalb soll sie nun nicht denken,
dass sie für mich ein Engel sei.
Ich will ihr mein Erbarmen schenken
und fühle mich sehr wohl dabei.

Auch will ich es von ihr erhalten
und hoffe, sie hat dies im Sinn,
dass sie an mir lässt solches walten,
weil ich doch auch nur Sünder bin.

Lob der Treue

Worüber ich stets neu mich freue,
ist, wenn mich jemand nicht vergisst
und in jahrzehntelanger Treue
mir immer noch verbunden ist.

Noch sind nicht alle ausgestorben,
wer gut es mit den andern meint.
Das ganze Volk ist nicht verdorben,
auch wenn es manchmal so erscheint.

Man sollte alle Menschen stärken,
in denen echte Liebe wohnt.
Die anderen sollen ruhig merken,
dass Egoismus sich nicht lohnt.

Die nichtideale Adelheid

Von Adelheid sag dieses Mal
ich dies: Sie ist nicht ideal.
Doch finde ich es wunderbar,
dass sie mir auch eine Hilfe war.

Als wir noch in der Schule war'n –
sie lief hin, ich bin hingefahr'n –
da konnten stets wir sicher sein:
Ich bin als Christ hier nicht allein.

Gab wieder mal es so ein Ding,
das gegen unsern Glauben ging,

dann schauten wir uns beide an.
Das war uns eine Stärkung dann.

Verloren hatte sich die Spur
des andern nach dem Abitur,
doch dann in Leipzig es geschah,
dass man sich plötzlich wiedersah.

Da hab' ich Adelheid erzählt,
was mich an Sorgen jetzt so quält.
Da war sie eine Hilfe mir,
und seitdem bleiben Freunde wir.

Und seitdem teilen wir uns mit,
wo man sich freute, wo man litt,
und dass wir so an uns gedacht,
hat vieles leichter uns gemacht.

Und sind von dieser Erde Leid
wir nach dem Tod dann befreit,
dann wird durch Christus es gescheh'n,
dass wir uns ewig wiederseh'n.

Als Christ unter Menschen

Es kommt mir niemals in den Sinn,
dass ich von mir aus besser bin
als jeder, der auf Erden hier
als Mitmensch jetzt lebt neben mir.
Ich weiß, dass auch ich Fehler hab'
und dass es oft Versagen gab,
dass ich hier bin auf dieser Welt,
wo leider man sich oft verhält
wie Gott, dem Herrn es nicht gefällt,
wofür man nicht Sein Lob erhält.
Ich bin als Mensch auf Erden nur
wie alle sündiger Natur.

Doch bin als Mensch ich auch ein Christ,
für den das von Bedeutung ist,
was Christus hat für uns vollbracht
und was uns froh und glücklich macht.

In Christus hat mich Gott erwählt,
dass Er mich zu den Seinen zählt,
die wie ein Vater so Er liebt
und denen gern Er alles gibt,
was jedem als sein täglich Brot,
dass er am Leben bleibt, tut not.

Doch dass Er auch noch mehr uns schenkt,
weil an die Ewigkeit Er denkt.
So hält in Christus Er bereit
für uns die ew'ge Seligkeit.

Er hat für uns das Werk vollbracht,
das frei uns von der Sünde macht,
weil Er durch Seinen Kreuzestod
befreite uns aus Sündennot

und als vom Tod Er auferstand,
auch uns aus dessen Fesseln band,
sodass, weil Er den Tod besiegt,
ein Christ auch neues Leben kriegt,
das, weil von Schuld und Not befreit,
dann bleibt in alle Ewigkeit.

Er hat durch Seine Himmelfahrt
auch uns als Christen offenbart,
wohin Er als der gute Hirt
die Seinen einmal führen wird,
dass es für immer wird gescheh'n,
dass wir in Herrlichkeit Ihn seh'n.

Drum lade ich Euch alle ein,
wie ich als Mensch ein Christ zu sein.
Ich weiß auch, dass es Gott erfreut,
wenn Schuld und Irrtum man bereut
und dass Er Gnade gern gewährt,
wenn man von Herzen sie begehrt,
wie in der Bibel jedermann
in Lukas 15 lesen kann.

Die Frau – Übel oder Hilfe

Als mich einmal der Hunger quälte,
ich eine Kneipe mir erwählte.
In sie bin ich hineingegangen,
um dort zu stillen mein Verlangen.

Dort habe ich den Heinz getroffen.
Er war bereits da halb besoffen.
Und er begann fast unter Tränen,
was ihn bedrückte, zu erwähnen.

„Es fällt mir schwer, mit meiner Alten
es immer weiter auszuhalten.
Ich habe bei ihr nichts zu lachen.
Nichts kann ich bei ihr richtig machen."

Ich sprach: „Wohl lässt sich nicht vermeiden,
dass wir auch an den Frauen leiden.
Doch haben sie auch gute Seiten
und können Freude uns bereiten.

Du musst stets auch das Gute sehen,
das uns durch Frauen kann geschehen.
Und wirst du recht sie dafür loben,
dann werden sie gewiss nicht toben."

Frau N. N. und ich

Nach dem, was war, soll ich nicht fragen,
denn die Vergangenheit soll ruh'n.
Doch kann ich das nicht mehr ertragen,
darum will ich es dennoch tun.

Warum willst Du vor mir verschweigen,
was es an Zweifelhaftem gab?
Ich möchte doch so gern Dir zeigen,
dass ich Verständnis für Dich hab'.

Du solltest doch von mir nicht denken,
dass ich von Dir enttäuscht dann bin.
Ich will Dir mein Erbarmen schenken,
das bringt für Dich und mich Gewinn.

Ich machte auch nicht alles richtig.
Ein Idealmensch bin ich nicht.
Darum ist für uns beide wichtig,
dass lieb man miteinander spricht.

Man kann so Herrliches erleben,
stellt man beim andern Menschen fest:
Er will mir Mitempfinden geben,
das alles leichter werden lässt.

Herr K. und Herr N.

Als K., von Leidenschaft bewogen,
einst über N. ist hergezogen,
ist etwas später es geschehen,
da konnten sich die beiden sehen.

Und als sie sich die Zeit genommen,
dass sie sind ins Gespräch gekommen,
wobei so manches man bedachte,
Herr K. dann die Entdeckung machte:

Was ich gesagt und auch geschrieben
von dem Herrn N., ist übertrieben.
Ich muss jetzt korrigierend sagen:
Er hat auch Recht in manchen Fragen.

Er will uns dieses Beispiel lehren:
Wenn schlecht zu reden wir begehren,
ist's besser, als gleich loszuschwätzen,
sich erst einmal zusammensetzen.

Neid oder Mitfreude

Wenn jetzt, weil Gutes ich vollbracht',
mich manche Menschen loben,
dann werden, die mich schlecht gemacht,
im Inneren wohl toben.

Doch wenn jetzt dieser voller Neid,
weil ich Furore machte,
dann denke ich: dass Ihr so seid,
ist einzig Eure Sache.

All meine Freunde, fern und nah,
die alten wie die neuen,
die werden, weil mir dies geschah,
sich jetzt mit mir freuen.

So wird am Ende fröhlich sein
und Herzensleid vermeiden,
wer von der Liebe sich allein
und nicht vom Hass lässt leiten.

Meine Mitmenschen und ich

Nie werde ich die Leute schätzen,
die gegen andre Leute hetzen,
die Böses tun und Schlechtes sagen,
um ins Verderben sie zu jagen.

Ich kann auch die nicht sehr hoch achten,
die nur nach eig'nem Vorteil trachten,
die dann auch über Leichen gehen,
wenn sie für sich da Vorteil sehen.

Auch solche werde ich nicht ehren,
die tun, als ob Gott selbst sie wären,
die andre Leute dazu trimmen,
dass diese tun, was sie bestimmen.

Ich kann auch solche gar nicht leiden,
die oftmals sich mit andern streiten,
weil sie es niemals akzeptieren,
dass sie im Leben auch verlieren.

Doch will ich die in Ehren halten,
die stets ihr Leben so gestalten,
dass Gott sie recht die Ehre geben
und sie nach Seinem Willen leben,

die dienend auch an andre denken
und ihnen ihre Liebe schenken,
die gern mit allen ihren Gaben
auch Zeit und Kraft für andre haben.

Doch will ich denen nicht vertrauen,
die freundlich ins Gesicht dir schauen,
um dann mit teils erfund'nen Sachen
dich hinterm Rücken schlecht zu machen.

Der verhinderte Unfall

Ich bin zur Kreuzung mal gefahren,
auf die von links ein Auto fuhr.
Der Fahrer[2] war sich nicht im Klaren.
Er schaute wohl nach vorne nur.

Dass es zum Unfall nicht gekommen,
hat seinen Grund und der ist dies:
Er hat die Vorfahrt mir genommen,
die aber ich ihm überließ.

Da hatte er zu mir Vertrauen.
Das ist gewiss auch etwas wert.
Doch sollte lieber gut er schauen,
ob da von rechts ein Auto fährt.

---

2   Anmerkung: Es kann natürlich auch eine Fahrerin gewesen sein.

Das schwarze Schaf

„Ich bin", so sagte mir Ottilie,
„das schwarze Schaf in der Familie.
Ich passe nicht in deren Schema
und bin zum Lästern oft ein Thema.
So manche können mich nicht leiden
und wollen mich, wenn möglich, meiden.
Doch können sie mich ruhig hassen,
wenn sie mich nur in Ruhe lassen.
Ich will mir keine Mühe geben,
so wie die anderen zu leben.
Ich bin nicht eine von den Braven,
gehöre zu den schwarzen Schafen
und nicht zu diesen vielen weißen,
die scheinbar wie die Unschuld heißen,
was leider oftmals sie vergessen,
weil sie genau wie ich so fressen
und auch bei vielen andern Sachen
da keine Unterschiede machen,
wie sie ihr Leben so gestalten,
nur, dass sie sich für besser halten.
Doch wollen sie mich dann belehren
und mich zu ihrem Stil bekehren,
dann werde zu Gehör ich bringen
den Satz von Götz von Berlichingen."

Echte Freunde

In Hartenstein wohnt jetzt ein Paar,
bei dem stets gern als Gast ich war.
Das war in Lichtertanne so
und auch in Jahnsdorf war ich froh,
wenn mich die beiden luden ein,
bei ihnen zu Besuch zu sein. –
Ich hoffe, dass am neuen Ort
sich diese Freundschaft nun setzt fort,
weil niemals ich vergessen hab',
was mir das Paar an Freude gab.

Neujahrswunsch an Margot

Das ist etwas, was ich erwarte
vom angefang'nen neuen Jahr:
von Margot manche schöne Karte,
so wie es im vergangnen war.

Denn es gibt gar nicht viele Leute,
die so wie Margot lieb zu mir;
und darum ist mir eine Freude,
kommt eine Karte an von ihr.

Meinem Amtsbruder M. G. gewidmet

10 Menschen Jesus einmal heilte,
sie wurden durch Sein Wort gesund.
Ein einziger zurück dann eilte,
Ihm dafür zu danken war sein Grund.

Wenn man mich anrief, half ich immer,
bat meine Aushilfsdienste dar.
Ein einziger kam in mein Zimmer,
als ich im Krankenhause war.

Doch liegt mir nichts daran zu klagen:
So ist es eben in der Welt.
Viel lieber will den Dank ich sagen,
der sich, wie Jesus will, verhält.

P.S.:
Gern will ich korrigieren heute,
was im Gedicht ich kritisch sprach.
Mir zu bereiten große Freude,
das holt der Konvent noch nach.

Von mir über mich

Nie hatte ernsthaft ich im Sinn
von mir zu übertreiben.
Wer mich nicht so liebt, wie ich bin,
der lass' es eben bleiben.

Es sollten durchaus kritisch sein,
die gut mich können leiden.
Mit Leuten mit dem Heuchelschein
will ich den Umgang meiden.

Ich liebe Menschen mit Humor,
die Selbstkritik auch schätzen;
doch seh' ich mich bei allen vor,
die andre gern verletzen.

Wer es mit Christus ehrlich meint,
der steht mir nah am Herzen,
doch wer als Christ nur fromm erscheint,
wird es sich mit mir verscherzen.

Da, wo sich echte Menschlichkeit
und Christlich-Sein gefunden,
dort fühle ich mich jederzeit
mit anderen verbunden.

c) ein Deutscher

Christ und Deutscher

Wenn wir an Gott, den Schöpfer glauben,
dass Leben, wie Er will, beginnt,
dann sollte Er uns auch erlauben,
dass wir von Herzen Deutsche sind.

Wir wollen uns nicht überheben.
Gott schuf die andern Völker auch.
Doch wollen wir als Menschen leben
so wie bei uns in Deutschland Brauch.

Wir wollen nicht die Schuld verschweigen,
die auch bei unserm Volk sich fand;
doch lässt sich auch viel Gutes zeigen,
das durch uns Deutsche einst entstand.

Man soll in seinem Lande bleiben,
da, wo einst seine Wiege stand;
es sei denn, böse Leute treiben
die Menschen fort aus ihrem Land.

Für solche Leute sind wir offen.
Verfolgte nehmen wir gern an;
jedoch auf Besserung wir hoffen,
dass dort man wieder leben kann.

Doch wollen sie hier weiter dienen,
dann laden wir sie dazu ein
und sagen hoffnungsvoll zu ihnen:
Ihr dürft in Zukunft Deutsche sein.

Preußen und Sachsen

Von Deutschland früher ist bekannt:
es war zu seinem Schaden
kein einig großes Vaterland.
Es gab da viele Staaten.

Im Staat, der Brandenburg erst hieß,
ein Kurfürst einst sich dachte,
dass er zu Preußen machte dies
und sich zum König machte.

Doch der da südlich von dem Staat
im Sachsenland regierte,
den ärgerte, was Friedrich tat,
er dachte mit Begierde:

Ich mach es diesem Manne gleich,
dass ich auf dieser Erde
in einem andern Königreich,
in Polen, König werde.

So gab es denn seit dieser Zeit,
weil beide nun Rivalen,
bei diesen beiden Ländern Streit
zu wiederholten Malen.

Und immer, wenn die beiden sich
mit den Armeen bekriegten,
die Preußen stets gewaltiglich
die Sachsen da besiegten.

Zu spät bin ich zur Einsicht hier
bei alledem gekommen
und habe eine Preußin mir
zur Ehefrau genommen.

Da hab' ich manchmal es geschafft –
man möge recht das schätzen –
mich mit geballter Sachsenkraft
bei Preußen durchzusetzen.

Saisoneröffnungsfahrt Leistner Reisen 2017

Was oft erlebt man haben muss,
sind Fahrten mit dem Leistner-Bus.
Drum haben wir uns Geld gespart
für die Saison-Eröffnungsfahrt.
Dabei war es schon vorher klar:
Sie wird ganz toll wie jedes Jahr.
Es standen diesmal auf dem Plan:
der Westerwald und auch die Lahn.
Am 2.4. fuhr'n wir los.
Dabei war unsre Freude groß.
Damit wir aber nicht zu schnell
in Weilburg sind dort im Hotel,
gab es, und zwar in Hessen, schon
in Braunfels Zwischenstation;
und dabei führte uns der Boss
hinauf ins wunderbare Schloss.
Dort fand für uns die Führung statt,
die allen gut gefallen hat.
Nach 17 Uhr so kamen dann
in Weilburg im Hotel wir an.
Dort standen Zimmer uns bereit
zu unserer Zufriedenheit.

Um 8 Uhr 45 dann
am nächsten Tag die Fahrt begann.
Sie führte in den Westerwald.
In Hachenburg gab's Aufenthalt,
wo schon der Reiseleiter stand.
Er machte uns die Stadt bekannt.
Im Orte, der Dreifelden heißt,
da haben wir dann gut gespeist,

und anschließend betraten wir
die älteste der Kirchen hier.
In Alpenrod war'n wir dabei
in einer schönen Töpferei.
Dann ging es zur Kroppacher Schweiz.
Kaum einer kannte sie bereits.
Dann weiter man gefahren hat
uns zur Abtei Marienstatt.
Die Kirche dort war unser Ziel
und auch der Garten uns gefiel.
So haben wir sehr viel geseh'n
und auch das Wetter war sehr schön.

Am nächsten Tag man hatte vor,
zu gehen erst zum Schloss empor.
Dort wurden wir dann eingeteilt,
wer innerhalb vom Schloss verweilt
und wer hinaus zur Stadt muss geh'n,
um draußen auf das Schloss zu seh'n,
wobei man jeweils es versprach:
Ihr holt das andere dann nach.
Denn auch der Garten ist es wert,
dass ihm Beachtung widerfährt,
und tritt man in die Kirche ein,
kann auch sehr überrascht man sein.
Am Nachmittag war Ruhe dann,
damit man abends tanzen kann,
und dass man dazu kräftig war,
bot Kaffee man und Kuchen dar.

Am nächsten Tag ging es nach Haus.
Doch stieg man in Bad Hersfeld aus,
damit sich dort ein jedermann
den Ort so recht betrachten kann.
Und dabei kehrten wir auch ein,
denn kein Mensch will doch hungrig sein.
Und als der Bus dann weiterfuhr,
gab es dann Pinkelpausen nur,
bis dann die Fahrt ein Ende nahm
und jeder heil nach Hause kam.

Nach der Wahl

Wenn sich Wähler nicht verhielten,
wie sie sich verhalten sollen,
und Parteien nicht erzielten,
was sie an Prozenten wollten,

sollten sie nicht so sehr klagen
über diese schlechten Leute,
vielmehr selbst sich ernsthaft fragen:
Was ist wirklich nötig heute?

Niemand sollte man verdammen
als den Dummen oder Bösen;
vielmehr sollten wir zusammen
nötige Probleme lösen.

Unser Deutschland

Schön ist Deutschland ohne Zweifel
von der Lausitz bis zur Eifel.
Es sind wahre Wunderwerke
in den Alpen Deutschlands Berge.
Es kann auch im Harz der Brocken
viele Leute zu sich locken;
auch in anderen Gebirgen
kann ein Urlaub viel bewirken.
Auch hat Deutschland viele Schweizen,
die sie zu Besuchen reizen.
Hinzufahren, kann gelüsten,
zu den Nord- und Ostseeküsten,
damit dort an ihren Stränden
Badende Erholung fänden
und dort in der Sonne liegen,
dass sie schöne Bräune kriegen.
Flüsse, die durch Deutschland fließen,
bilden Landschaft zum Genießen,
Elbe, Rhein, auch Main und Saale,
lassen staunen viele Male.

Auch kann uns das Land bereiten
viele Sehenswürdigkeiten:
Kirchen, Schlösser und Gebäude,
wo berühmt geword'ne Leute
einst vor so und so viel Jahren
lebten und dort tätig waren.
Viele wunderschöne Flecken
kann in Deutschland man entdecken.
Deshalb muss es unterbleiben,
sie jetzt alle zu beschreiben.

Darum sollten die Personen,
die in unserm Lande wohnen,
froh und dankbar dies bekennen:
Deutschland ist sehr schön zu nennen.

Urlaub auf Rügen damals

Wer in der DDR einst lebte,
dort viele Jahre hat verbracht,
wie alle andern danach strebte,
dass er auch schönen Urlaub macht.

Da gab es ganz im Norden Rügen
mit seinem schönen Ostseestrand.
Das Baden machte dort Vergnügen.
Das wusste man im ganzen Land.

So mancher war sich da im Klaren,
wo Rügen stets am schönsten schien.
Er ist zum Baden hingefahren
nach Binz, nach Baabe und Sellin.

Dass nicht die nasse Hose schadet
und hinterher dann krank man sei,
hat mancher dort auch nackt gebadet
und fühlte sich dabei sehr frei.

In Saßnitz gab es eine Fähre.
Ein Hafen war an diesem Ort.
Dass man auf dieser Fähre wäre,
das wünschte sich so mancher dort.
Denn diese Fähre fuhr nach Schweden.
Nach Trelleborg sie täglich fuhr.
Doch mitzufahren galt nicht für jeden.
Es durften wenige Menschen nur.

Gelohnt hat es sich auf alle Fälle,
dass man auch Kap Arkona sah.
Es malte schon an dieser Stelle
einst Caspar David Friedrich da.

Die Felsen dort, sie sind aus Kreide;
und das gefiel schon vielen sehr.
Es geht da steil an einer Seite
hinab beim Ufer an das Meer.

Verborgene Städte[3]

Wir hörten mit Befremden dann,
dass kaum Fritz largo singen kann.
Bringt mir der Ober Linsen her,
gefällt mir das gerade sehr.
Als Antje nach den Tieren sah,
kam ihr dabei ein Tapir nah.
Auch allen andern ist bekannt,
dass dies hier Hildes Heimatland.
Es war am Meer an einem Strand,
wo Annemarie Sachen fand.
Es war den Frau'n natürlich klar,
dass da bei vielem Gold auch war.

Manchmal tut von Zeit zu Zeit
mir sogar die Bertha leid.
Ein weiser Lohnempfänger hat
es niemals schwer in dieser Stadt.
Ein Mensch, der schwer in Ordnung ist,
die Wacht auch abends nicht vergisst.
Am Rhein er und am Wolgastrand
es stets mit Ludwigs lustig fand.
Was sie da Schönes sah erneut,
hat auch am Abend sie erfreut.
Doch wer der Margot Hasen schenkt,
dabei nicht ans Bezahlen denkt.
Ganz unterm Dach aus diesem Haus
er öfters holte Brot heraus.
Es wurde dort auch offenbar,
dass er schon da hausieren war.

---

3   Lösungen am Ende

Zwei Marken wenig reizvoll fand
er dort, wo einst Adele stand.
Weil man den Löwen selten sieht,
dort auf der Weide nichts geschieht.
Weil lauthals sein Verlangen sprach,
hat er gewollt ihr reisen nach.
Er sagte in dem Saale nur,
was er vom Schulmeister erfuhr.
Nach diesem Pass auf ihn genoss
er, dass ins leere Tor er schoss.
Mit diesem Ski Elvira kann
sich dann erfreu'n des Sausens Bann.
Vergessen sei der Bertha Leid,
wenn ihr dann in den Bergen seid.
Wie damals die Frau richtig sah,
so waren auch Agenten da.

Er im Labor nahm davon viel
und war dabei kaum unsteril.
Wir wissen alle: Deutschland hat
so manche wunderschöne Stadt.
Hier 50 davon sind versteckt.
Wer klug ist, hat sie längst entdeckt.

Saisonalabschlussreise mit Leistner Reisen in die Schweizer Berge vom 11.–15. Oktober 2017

Laax, 15.10.2017

Wir fuhren mit dem Leistnerbus
als Reise zum Saisonabschluss
zum Laaxerhof hin in die Schweiz.
Die Firma kannten wir bereits.
So freuten wir uns lange schon,
dass der Graubündener Kanton
für dieses Mal in diesem Jahr
das Ziel der Abschlussreise war.
Am 10.11. kamen dann
wir gut am Laaxerhof auch an,
und bald war auch zur Abendzeit
das Abendbrot für uns bereit,
das, wie schon vorher uns bekannt,
aus drei Gerichten stets bestand.
Am nächsten Morgen ging's zu Tour
bis zur Kantonshauptstadt, nach Chur.
Viel Schönes gab's zu sehen dort,
zwei große Kirchen sind im Ort.
Die als katholisch war bekannt,
hat Kathedrale man genannt.
Die andere St. Martin war
und evangelisch offenbar.
Wir fuhren mit der Schmalspurbahn,
bis wir den Ort Arosa sah'n.
Nachdem wir dort den See umquert,
sind ins Café wir eingekehrt
und haben Torte dort verzehrt,
die man uns gratis hat beschert.

Auch Kaffee hat man uns gebracht.
So haben gut wir Rast gemacht,
bis nach Arosa dann retour
die Bahn uns wieder fuhr nach Chur,
wo in den Bus wir stiegen ein,
um wieder im Hotel zu sein.

Am nächsten Tag wir fuhren gern
mit der Imelda nach Luzern,
denn diese wunderschöne Frau
ist auch noch ganz besonders schlau
und spricht mit herzlich frohem Charme;
da wird es gleich ums Herz so warm
und außerdem hat sie Humor.
Das kommt bei nicht so vielen vor.

Wir konnten auch ganz nahe sein
der Stelle, wo entspringt der Rhein,
der dann als unser lieber Gast
viel besser doch nach Deutschland passt.
Die Brücke haben wir erschaut,
die einst der Teufel hat gebaut,
den man geprellt mit einer List,
worauf der dann verschwunden ist.

Nach Parkplatzsuche kamen dann
wir schließlich in Luzern gut an.
Imelda hat, wie sich's gebührt,
zur Kappelbrücke uns geführt,
als Wahrzeichen von dieser Stadt,
die wahrlich viel zu bieten hat.

Auch jeder, der kein Jesuit,
ging dann in deren Kirche mit.
Vor zwei Uhr wir am Hafen war'n,
um dort dann mit dem Schiff zu fahr'n.
Die schöne Landschaft man genoss,
wo Tell einst in den Apfel schoss
und dann nach dessen zweitem Pfeil
der Geßler plötzlich nicht mehr heil.
Wir sahen auch auf dieser Tour
den Rütli, wo der Treueschwur
bedeutsam war, weil eben dies
daraus die Schweiz entstehen ließ.
Dann sagten wieder wir Ade
dem schönen Vierwaldstätter See.

Am nächsten Tag ging es dann los
nach St. Moritz und Davos;
und wieder fuhr uns diese Tour
der tolle Eddi mit Bravour.
Wir fuhren erst zum Julierpass.
Was wir da sah'n, wie schön war das!
Wir machten daraufhin auch bald
in St. Moritz den Aufenthalt.
Dort gibt es vieles, das gefällt.
Doch kostet alles sehr viel Geld.

Drum kehrten wir auch dort nicht ein.
Es kann auch Leistner-Bockwurst sein.
Dann fuhren wir ins Engadin,
wo alles fast noch schöner schien.
So manches dort gefiel uns sehr;
jedoch die Namen sind oft schwer.

Es fließt durch mache Seen der Inn.
Auch ihn zieht es nach Deutschland hin.
Es ging die Fahrt dann wieder los,
damit wir kamen nach Davos,
zu seh'n, was sie zu bieten hat,
Europas höchstgeleg'ne Stadt.
Gehalten hat dort unser Bus,
weil jeder Mensch auch manchmal muss.
So kamen wieder 6 Uhr dann
am Abend im Hotel wir an,
damit sich dort noch jedermann
aufs Essen vorbereiten kann.
Und ist die Fahrt nun bald vorbei,
auch dieses noch gesagt jetzt sei:
Das Wetter konnt' nicht besser sein,
an jedem Tag nur Sonnenschein.
Ich frage mich, ob das beweist,
dass da nur Engel sind gereist.
Nun sage ich jetzt auch noch schnell
etwas zu unserem Hotel.
Die Zimmer waren alle gut.
Man hat dort angenehm geruht.
Das Essen war, ob früh, ob spät,
stets von besond'rer Qualität.

Auch das gesamte Personal
war freundlich zu uns jedes Mal.
Kurz, alles hat sehr gut gepasst
zur Freude von dem Urlaubsgast.
So fahren, wenn die Reise aus,
zufrieden alle wir nach Haus.

d) ein mit der deutschen Sprache Spielender

Verrücktes in Deutschland und anderswo

Hans rühmte sich vermessen dessen,
zu wissen, was gern Hessen essen.
Karl sprach mit großem Schalle: Halle
verliert in diesem Falle alle.
Max nannte mit Befremden Emden.
Dort kauften die Gehemmten Hemden.
Es sind bei dem Den-Westen-Testen
bei Festen meist die Besten Esten.
Es kauften gern Tabletten Letten,
dass etwas sie zum Wetten hätten.
Was Leute dort mit Grauen schauen,
wenn Auen in Litauen tauen.
Es kennen viele Schlaue Aue,
wo ich so gern ins Blaue schaue.
Ein Mann trotz vieler Neider leider
fuhr heiter nach der Eider weiter.
Wenn ich dann an die Aare fahre,
dann suche ich dort rare Ware.
Was Tanten in den Anden fanden,
sie nicht aus unsern Landen kannten.
Wenn ich für ihn beim Mahle zahle,
dann fängt er in der Saale Aale.
Es weiß doch an der Eder jeder:
Es hatten schon die Meder Leder.
Ich weiß, was diese Holden wollten,
dass sie das nicht in Olten sollten.
Wenn ich mal an der Trave schlafe,
dann sehe oft ich brave Schafe.

Es machte ihm in Aerzen Schmerzen,
dass sie nicht gern von Herzen scherzen.
Wenn Ringe ich nach Springe bringe,
nimmt gleich sich diese Dinge Inge.
Was immer ich als weise preise,
dass leise man zur Neiße reise.
Als eins nach Kamen Damen kamen,
sie Samen von dem Rahmen nahmen.

Quer durch Deutschland

Sie wollten, ohne zu bezahlen,
sich lange Zeit in Aalen aalen.
Er hat uns dazu eingeladen,
dass wir in Baden-Baden baden.
Es war mal eine unsrer Stärken,
das Gutes wir in Bergen bergen.
Weil sie uns anderswo belogen,
wir auf den Weg nach Bogen bogen.
Es wird uns wohl nicht anders glücken,
als dass wir uns in Bücken bücken.
Bevor sie das Gerät uns reichen,
woll'n erst sie es in Eichen eichen.
Dann wollen wir auch nicht vergessen,
dass Gutes wir in Essen essen.
Willst haben du die guten Waren,
dann musst du hin nach Fahren fahren.
Um diese Blumen zu genießen,
muss man sie auch in Gießen gießen.
Willst du auch diese Dinge haben,
musst du danach in Graben graben.

Wir lagen dabei auch auf Matten,
so wie wir sie in Matten hatten.
Wir dachten daran nur mit Grausen,
wie Leute dort in Hausen hausen.
Es fiel bei ihnen aus dem Rahmen,
dass sie nicht auch nach Kamen kamen.
Es sind die Leute zu bedauern,
die öfter dort in Kauern kauern.
Sie haben stets sich gut benommen,
wenn sie einmal nach Kommen kommen.
Sie überwanden erst viele Hürden,

bevor wir sie in Kürten kürten.
Er machte viele dumme Sachen,
damit sie dort in Lachen lachen.
Er merkte später dann mit Bangen,
dass sie danach in Langen langen.
Um günstig etwas einzukaufen,
woll'n wir auch bis nach Laufen laufen.
Es war für uns von großem Werte,
was dieser Mann in Lehrte lehrte.
Ich möchte nicht auf jene lauern,
die gern mal dort in Mauern mauern.
In Leipzig sagte er vor Bäckern,
dass Leute gern in Möckern meckern.
Um vor Gefahren uns zu schützen,
dann würde das aus Nützen nützen.
Sich hüten vor den schlechten Taten,
das möchte ich in Rathen raten.
Um dieser schönen Dinge wegen
muss man sich auch in Regen regen.
Wir haben mit den andern Frieden,
wozu sie uns in Rieden rieten.
Es sind stets die besonders Schlauen,
die danach auch in Schauen schauen.
Die, die an erster Stelle liegen,
die werden auch in Siegen siegen.
Es kann auch unserm Chor gelingen,
dass wir einmal in Singen singen.
Er sagte, als er war guter Dinge,
dass er auch mal in Springe springe.
Er sprach, dass mit den Gästen allen
wir hinterher nach Wallen wallen.
In Waren war er sich im Klaren,
dass dort die wahren Waren waren.

Es lässt sich dabei nicht vermeiden,
dass Schafe auch bei Weiden weiden.
Wo auch sich lohnt, mal hinzureisen,
da nannten diese Weisen Weisen.
Damit wir uns dort helfen ließen,
die Ärzte uns nach Wiesen wiesen.
Weil sich die Schränke so verschlimmern,
ließ neue ich in Zimmern zimmern.

P.S.:   Den Atlas sollte man benützen,
       bevor es auf die Reise geht.
       Ich konnte mich auf einen stützen,
       damit hier das Gedicht entsteht.

Musikalische Schüttelreime

Als wir dem Mann aus Niederlanden
mal unsre schönsten Lieder nannten,
sprach er, dass die, die Lieder machen,
stets über schlechte Mieder lachen
und niemals auch bei Brause singen,
wenn andre sie zur Sause bringen,
wo Menschen aus den schönen Tauern
bei solchen schlechten Tönen schauern.
Vor allem singen Bässe Noten,
die sie auch schon bei Nässe boten.
Wir freuen uns an reinen Weisen,
wenn wir mit guten Weinen reisen.
Und wenn das manche Leute hassen,
dann sollen sie das heute lassen.
Es riet uns dieser weise Leiter:
Wir singen lieber leise weiter.
Sie hörten in der Ferne Geigen
und aßen dazu gerne Feigen.
Wenn uns noch mehr die Flöten necken,
gibt es aus solchen Nöten Flecken.

Kindisches Indisches

Von einem Inder hab' vor Jahren
ich durch ein Interview erfahren,
dass in der Schweiz, in Interlaken,
einst eine Menge Inder lagen
und dass aus ihren Internaten
sich zu Herrn Meyer Inder nahten.
Da war für ihn von Interesse,
was mittags meist ein Inder esse
und ob in großen Intervallen
gern in die Schweiz nun Inder wallen,
ob Inder auch Erfolg erzielen,
wenn Fußball sie bei Inter spielen
und wie so manchem Inder wohl war,
wenn er gesucht von Interpol war,
ob Inder immer nett auch bleiben,
wenn sie ein Internet betreiben
und gegen wen sich Inder wenden,
wenn sie einmal die Interventen.

Ich hab' an Inder eine Frage:
sind jetzt die Inder in der Lage,
wenn in dem Kasten Lose liegen,
dass sie auch Kastenlose kriegen?
Spricht dann zu mir ein Maharadscha:
Was redest du für einen Quatsch da?

In Europa

Es kriegen die Buletten Letten,
wenn diese die Tabletten plätten.
Es zahlten bar mit Franken Franken,
die Wein aus diesen Ranken tranken.
Ich stelle hier jetzt fest, den besten
der Kuchen machen Esten, esst den.
Wenn in Litauen Auen tauen,
dann können das die Schlauen schauen.
Man hat dort an den Polen Polen
die jungen Fohlen anbefohlen.
Was müssen hier die Spinnen spinnen,
sind in den Finnen Finnen drinnen.
Man gab da einst den Schotten Schoten,
weil langsam sie zu trotten drohten.
Von diesen Wiesen ist erwiesen,
dass sie die Portugiesen gießen.
Ich möchte Korsen hier im Chor seh'n,
weil dann die Forscher forscher vorgeh'n.
Es tragen die Rumänen Mähnen,
nach denen sich die Dänen sehnen.
Ich war jetzt in Norwegen wegen
der Leute, die im Segen sägen.
Man sieht auf Gassen Monegassen,
die Schüler in den Klassen lassen.
Die Waren, die aus Waren waren,
die werden dann Bulgaren garen.
Wenn Sachsen diesen vollen Sack seh'n,
dann werden sie in Maxen Max seh'n.
Die Tiere, die bei Griechen kriechen,
die kann schon das Mariechen riechen.

Maßuhren gibt's bei den Masuren,
die dann mit Partituren touren.
Am Dritten dann die Briten ritten,
und zwar inmitten der Termiten.
Verschafft ihr jetzt nicht Halt den Halden,
droht Untergang schon bald den Balten.

Die Oma H.

Die Oma H. aus Omaha
kam einst in Lotte Lotte nah.
Sie machte eine schöne Tour,
von Siegen sie gen Norden fuhr,
weil sie zu hören hat gekriegt,
in welchem Staate Stade liegt.
Sie fragte, führt's zur Nordsee mich,
wenn weiter hier nach Nord seh' ich.
Frau E. fährt nach Sellin dann hin,
dort sieht sie eine Eselin.
Als sie im Bett war, Ina log,
dass die Bettina sie betrog.
Sie strebt ein Bett in Rügen an,
dass sie nicht mehr betrügen kann.
Bettina auch vom Bettler schwätzt,
der sie im Bett in Angst versetzt.
Elisabeth betrifft das nicht,
was da betont Bettina spricht.

Merkwürdiges in deutschen Städten

Es sind in manchen Orten Orden
verliehen erst nach Worten worden.
Er dachte in Weißwasser still:
Der Theodor weiß, was er will;
es fährt sehr oft nach Köln er hin
zu einer schönen Kellnerin.
Im Ort Wiesbaden nie vergisst
wer dort mal war, wie's baden ist.
Im Zoo jetzt die Dessauer sah'n
die Fütterung des Auerhahn.
Er will nach Oberhausen sausen,
weil dort die meisten Ober hausen.
Fahrt beide ihr nach Neustadt bald,
dann kauft da immer neu statt alt.
Sehr gerne wir nach Waren fahren,
weil stets dort gute Waren waren.
Es gibt in unserm Staate Stade,
wo fahr'n ich mit dem Rade rate.
Wie sehr sie mich auf Erden ehrten,
so wird das auch in Verden werden.
Stets endet Tante Hildes Reim:
Ich möchte mal nach Hildesheim.
Was ich mit so viel Eisen mach'? -
ich bringe es nach Eisenach.
Doch sagte Egon: Je nachdem
bring ich es auch nach Jena wem.
Hans keinem Weißenfelser traut,
wenn einen weißen Fels er schaut.
Ich sah den Mann mit einem Male
in Bautzen in der Bauzentrale.

Er teilte mir in Adernach mit,
dass Egon einer andern nach schritt.
In Nossen sagten die Genossen,
wieviel in Gießen sie gegossen.
So mancher in dem Saal fällt hin,
wenn ich einmal in Saalfeld bin.
Es war in Idar-Oberstein,
da kehrte mal ein Oberst ein.
Vom Arzt in Darmstadt kann man sagen:
Er operierte Darm statt Magen.
Ein kluger Mann aus Wertheim spricht:
Bring Dinge ohne Wert heim nicht!
Ein Bürger Ochsenfurts oft sagt;
dass ihm kein Ochsenfurz behagt.
Es merkten in Waldsassen wir:
Es sind wohl schon bald Massen hier.
Einst eine Frau nach Mannheim ging,
dass sie sich einen Mann heimbring'.
In Weißenburg stets Unheil droht,
sieht an der weißen Burg man rot.
Es schor ein Mann in Cham ein Lamm,
verlor darauf in Lam den Kamm.
Geplagt mit Leiden statt mit Freuden,
man sollte Freudenstadt dann meiden.
Es sagten mir mal Herrenberger:
Das war einmal mit Frauen ärger.
Ob es in Freising auch gelingt,
dass man einmal gebunden singt?

Am Horstsee

Es war einmal vor vielen Jahren,
dass an dem Horstsee Hofer waren.
Das hat Herr Seehofer erfahren.
Da war er sich sehr schnell im Klaren:
Der Horstsee ist für Hofer over,
kommt an den Horstsee Horst Seehofer.
Mit einem Horstsee-Fahr-Verbote
Horst Seehofer den Hofern drohte.
Woll'n jetzt den Horstsee Hofer sehen,
man muss zu Horst Seehofer gehen.

Neue seltsame Geschehnisse

Es hat Franz Wiesel einst gesehen.
Das ist in Zwiesel einst geschehen.
Wir waren nahezu verloren,
als einst die Nahe zugefroren.
In Frankreich an den schönsten Orten
ist ehemals Frank reich geworden.
Als Kaffee kam, stieß Albert ihn um;
und das geschah im Albertinum.
Es war einmal in Oberstaufen,
da ließ sich einst ein Oberst taufen.
Ich war einmal in den Karpaten,
da ging mit mir Ottokar baden.
In einem Haine ist's gewesen,
da sah man ihn oft Heine lesen.
Weil mir das Bier will stets dort munden,
gab dort in Dortmund ich drei Runden.
Es fand, was sehr gefallen hat mir,
in Hermannstadt mit Hermann statt hier.
Man kann ihn nicht mit Schiller locken,
jedoch mit guten Schillerlocken.
Es ist bei ihm hohl unter Büschen.
Das kommt von den Holunderbüschen.
Es war'n am Golf von Aden Auer,
die lobten sehr den Adenauer.
Er spielt in Lotte Lotterie gern.
Das machte unsre Lotte nie gern.
Hans war, was er mit großem Schmerz sah,
in Mailand statt im Mai im März da.
Wenn bald schon hier man's Feld beschreitet,
der Blick sich dann auf Mansfeld weitet.

Sie sprach: „Mann, streu hier in die Erde
dies so, damit es Mannstreu werde."
Ich weiß, dass einstmals Rom antik war
und von Romantik kein Freund Pieck war.

e) ein von geschichtlichen Persönlichkeiten Geprägter

Goethes Faust und die Bibel

Vor Goethe habe ich Respekt,
denn lange schon hat man entdeckt,
dass sich kein bess'rer Dichter fand
jemals in unserm deutschen Land.
Doch sage ich, dass Goethe irrt,
sofern er theologisch wird,
denn er beachtet dabei nicht,
was Gottes Wort, die Bibel, spricht.
Verständlich ist, dass Goethe denkt,
dass Gott dem Faust Erlösung schenkt,
weil der mit aller seiner Kraft
zuletzt dann doch viel Gutes schafft;
dass einer, der nach Gutem strebt,
nach seinem Tode es erlebt,
dass ewig er bei Gott dann ist,
weil dieser schließlich nicht vergisst,
dass dann Belohnung findet statt
für den, der viel geleistet hat.
Die Bibel aber dies uns lehrt:
Ein solches Denken ist verkehrt.
Den Lohn von Gott verdient man nicht,
denn Gutes tun ist Menschenpflicht.
Man hat auf großen Lohn kein Recht,
denn Gott ist Herr, der Mensch ist Knecht.
Und als der Herr von jedem dann,
was Er will, auch verlangen kann.
Das machte Er schon offenbar
als Mose auf dem Berg einst war

und die Gebote dort empfing,
mit denen er zum Volk dann ging.
Und viele Jahre dann danach
auch Jesus von Geboten sprach,
die in dem Leben bis zum Schluss
ein jeder Mensch erfüllen muss.
Doch leider ist kein Mensch so gut,
dass stets er Gottes Willen tut.
Wer sich an Gottes Maßstab misst,
erkennt, dass er ein Sünder ist,
dem wegen dieser Sündennot
verdiente Strafe Gottes droht.

Das, was uns dennoch fröhlich macht,
ist das, was Jesus hat vollbracht,
der deshalb auf die Erde kam,
dass unsre Schuld Er auf Sich nahm
und die Vergebung bietet an,
die man durch Ihn erlangen kann.
Durch Seinen Tod geschah das Heil
und man hat dann an diesem teil,
wenn man im Glauben sagt: durch Dich
hab', Jesus, die Erlösung ich,
durch die man dann vor Gott besteht,
wenn es um dessen Urteil geht,
ob nach dem Ende dieser Welt
von Gott man dann das Recht erhält,
dass man einmal den Engeln gleich
für immer lebt in Gottes Reich.

Erasmus und Luther
oder „De libero arbitrio" und „De servo arbitrio"

1. Es will der Mensch der Größte sein
   will seinen Hochmut stillen.
   Darauf lässt sich Erasmus ein
   und schreibt vom freien Willen.

2. Er fängt dabei beim Menschen an,
   in dem noch Kräfte wohnen,
   womit er Gutes wirken kann,
   und das muss Gott doch lohnen.

3. Erasmus ist als Humanist
   vom Menschen ausgegangen;
   doch Luther war als rechter Christ
   in Gottes Wort gefangen.

4. Er weiß, es ist der Mensch nicht gut,
   von Sünde ganz verdorben.
   Durch das, was Gott uns tat und tut,
   wird Rettung uns erworben.

5. Er hat in Christus Heil geschafft,
   den wir den Heiland nennen;
   und nur durch Gottes Geisteskraft
   kann man das auch erkennen.

6. Der Glaube sich auf Gott verlässt
   und das, was Er will schenken.
   er hält allein an Ihm sich fest
   und nicht am eignen Denken.

7. Die Kirche, die nach Luther heißt,
   zwar jetzt in unsern Tagen
   ihn als Reformator preist,
   doch ist von ihr zu sagen:

8. Bei dem, worum es ihr jetzt geht,
   wohl dies zu sagen wäre,
   sie näher bei Erasmus steht
   als doch bei Luthers Lehre.

Heutige Memoiren und biblische Berichte

Schreibst Du mal Deine Memoiren,
so wie Dein Leben ist verlaufen,
dann würde ich das Geld nicht sparen,
um mir das Buch von Dir zu kaufen.

Doch würde alles ich erfahren,
wenn dieses Buch ich würde lesen,
was da in Deinen früher'n Jahren
in Deinem Leben ist gewesen?

Es würde so ein Buch wohl zeigen:
Du würdest von den Dingen allen
die vor den Lesern gern verschweigen,
die Dir und andern nicht gefallen.

Du würdest Dich wohl kaum bekennen
zu dem, was es auch hat gegeben,
was Schuld wir und Versagen nennen
in einem jeden Menschenleben.

Jedoch die Bibel will in Klarheit
von Sünden und von andern Schwächen
bei Menschen – denn sie liebt die Wahrheit –,
auch wenn sie sehr berühmt sind, sprechen.

Auch solche wichtigen Personen
wie David es und Petrus waren,
kann da die Bibel nicht verschonen
und ihre Schuld uns offenbaren.

Doch haben biblische Gestalten,
wenn ihre Sünden sie bereuten,
von Gott Barmherzigkeit erhalten,
denn Gott vergibt die Schuld mit Freuden.

Drum brauch' auch ich nichts zu verbergen
aus Angst, dass mir die Wahrheit schade.
Die andern sollen ruhig merken:
Ich lebe ganz aus Gottes Gnade.

Für und gegen

Wir Menschen können nicht vermeiden,
uns immer wieder zu entscheiden,
dass wir es hin und wieder wagen,
mal „Ja" und auch mal „Nein" zu sagen.
Zwar kann es Menschen oft auch glücken,
sich um Entscheidungen zu drücken,
doch solche, die zu oft das machten,
kann man nur schwer als Menschen achten.

Gott hat die Würde uns verliehen,
dass denkend Stellung wir beziehen
und damit über andres Leben
uns Überlegenheit gegeben.

Nun sind der Ärgernisse wegen
vor allem Menschen mal dagegen.
Mal sind die Linken mal die Rechten,
auch mal die Ausländer die Schlechten,
mal sind es die, die uns regieren,
mal sind es Leute mit den Tieren,
mal sind's die Armen, mal die Reichen,
mal sind's die Harten, mal die Weichen.
Da trifft es irgendwann mal jeden,
dass Leute mal dagegen reden.

Was mich dagegen Luther lehrte,
das ist für mich von hohem Werte:
Es muss vor allem darum gehen,
<u>für</u> irgendetwas einzustehen,
voran für das sich einzusetzen,
was als das Höchste ist zu schätzen,
für Heil, das Christus uns erworben,

der für uns ist am Kreuz gestorben
und uns erlöst aus Todesbanden,
als von dem Tod Er auferstanden.

Dann ist gewiss auch abzulehnen,
wenn andre andres wichtigst nehmen,
wenn Wahrheit sie mit Lügen mischen,
um das als Größtes aufzutischen.

Das hat einst Luther oft bewogen,
dass die Kritik er überzogen.
Sein Freund Melanchton war da weiser.
Er trat in allem etwas leiser.

Man lasse auch bei harten Streiten
sich immer von der Liebe leiten,
so wie Jesus hat verhalten,
der immer ließ die Liebe walten.

Wie man Luther verstehen muss

Worum es Luther einst gegangen,
das hört sich kurz und knapp so an,
dass wir das ew'ge Heil erlangen,
das uns nur Christus geben kann.

Als Martin Luther damals hörte:
Die Schuldvergebung gibt's für Geld,
ihn damals das gar sehr empörte,
weil man durch Christus sie erhält.

Darum er 95 Thesen
an eine Kirchentür einst schlug,
denn wie beim Ablass das gewesen,
das war an Christus ein Betrug.

Das Menschliche zu überschätzen,
wie in der Kirche das geschah,
heißt Jesu Ehre zu verletzen,
denn Er ist uns zum Heile da.

Beim Abendmahl ist Er zu ehren,
weil Er Sich da uns leiblich schenkt;
darum ist alles abzuwehren,
wenn anders man von diesem denkt.

Es will uns Christus ganz befreien
von Sündenlast und ew'gem Tod,
doch nicht, dass wir befreit nun seien
von aller unsrer Erdennot.

Will jemand Luther recht verstehen,
dann werde erst mal dieses klar,
dass es ihm muss um Christus gehen,
so wie das einst bei Luther war.

*f) ein sich mit dem Zeitgeist
Auseinandersetzender*

Höchste Lebensqualität

Die Frage, um die jetzt es geht,
betrifft die Lebensqualität.
Was ist es, das uns Glück beschert,
was macht das Leben lebenswert?

Ist's dies, dass man durch den Beruf
für sich die Grundlage erschuf,
dass man im Leben dann an Geld
mehr als die anderen erhält,
sodass sich an Vergnügen man
mehr als die andern leisten kann?

Ist's dies, dass man ein Auto fährt,
das von besonders hohem Wert,
sodass daran man sieht es gleich:
Es ist der Mensch besonders reich,
der durch sein Auto deutlich macht:
Er hat zu Großem es gebracht?

Schafft die Qualifikation
dem Menschenleben Glück und Lohn?
Fängt erst bei dem das Leben an,
der fechten, schießen, schwimmen kann
und der, wie kann es anders sein,
hat einen Fahrerlaubnis-Schein,

der nicht wie viele andre dumm,
was doch beweist sein Studium,
der jederzeit mit Rat und Tat
die rechte Lösung hat parat?

Ist's für den Mann das beste Bild,
wenn als ein Frauenheld er gilt,
wenn er bei ihnen Herzen bricht,
schaut ihnen nur er ins Gesicht,
und mit Erlebnissen dann prahlt,
für die er nicht mal hat bezahlt?

Und findet wahres Leben statt,
wenn man sich Ruhm erworben hat,
wenn oft man an der Spitze liegt
und Orden und Medaillen kriegt,
sodass die Masse einen kennt
und einen Star vielleicht gar nennt;
dass man auch sehr viel besser lebt,
hat man ein hohes Amt erstrebt
und mit besonderem Geschick
ist oben in der Politik?

Das Wichtigste auf Erden ist,
dass man sein Leben führt als Christ,
dass durch die Taufe man beginnt
sein Leben als ein Gotteskind,
als Mensch, der Gott vertraut ganz fest
und sich von Ihm beschenken lässt,
weil Gott als Vater Menschen liebt
und gern das, was man braucht, uns gibt.

Als Christ man gern auf Christus schaut
und Ihm mehr als sich selbst vertraut,
weil nur das Werk, was Er vollbracht,
von Schuld uns frei und glücklich macht.

Was dafür nötig ist, geschah
durch Christi Tod auf Golgatha,
den Er zu Ostern überwand,
als Er vom Tode auferstand;
von Irdischem ganz unbeschwert
ist Er zu Gott zurückgekehrt.
Nun hat das Leben diesen Sinn,
dass Christus in Sein Reich führt hin,
wo ohne alles Erdenleid
man herrlich lebt in Ewigkeit.
Weil ewig man bei Gott dann wohnt,
es sich als Christ zu leben lohnt.

In Spanien

Als ich in dem vergang'nen Jahr
als Urlaubsgast in Spanien war,
besuchte ich nach altem Brauch
den lieben Freund, den Juan, auch.
Und als ich Spanien dann verließ,
geschah in mir vor allem dies:
Es klang in meinen Ohren nach,
wie Juan zu dem Sohne sprach:
„Ich warne Dich, mein lieber Sohn,
gib acht auf diesen Putschdämon[4],
was der in Barcelona treibt,
gewiss nicht ohne Folgen bleibt."
Und mein Freund Juan hatte recht.
Was jener machte, das war schlecht.
Ich habe angstvoll da gedacht:
„Wenn nur nicht Seehofer das macht,
dass der dann für sein Bayernland
gibt Souveränität bekannt!".
Und so bereitet mir Genuss,
dass jener in den Knast nun muss.

---

4   Puigdemont

An noch vernünftige AfD-Wähler

Wenn euch die Arroganz der Macht
in unserm Land tut weh,
und deshalb ihr jetzt habt gedacht:
Wir wählen AfD.

Dann meint ihr wohl: wir wollten bloß,
dass man uns nicht vergisst.
Doch tritt man die Lawine los,
sie nicht zu stoppen ist.

Und wird dann wieder unser Land
vom Unheil überrollt,
gebt ihr wie Wilhelm II bekannt:
Das hab' ich nicht gewollt.

Doch wenn man jetzt schon hört und sieht,
was mancher da so spricht,
kann man sich denken, was geschieht,
stoppt man die Leute nicht.

Leipzig – quo vadis?

Nach Leipzig hin zu fahren,
hab' manchmal ich im Sinn.
Weil dort vor vielen Jahren
ich einst geboren bin.

Obwohl ich weggezogen
nach meinem Studium,
bleib' ich der Stadt gewogen,
und ich weiß auch, warum.

An herrlichen Gebäuden
gibt es hier viel zu seh'n.
An kulturellen Freuden
sehr viele hier gescheh'n.

Nun hörte ich von Fällen,
dass diese schöne Stadt
mit vielen Kriminellen
jetzt arg Probleme hat.

Was Goethe einst gedichtet:
„Mein Leipzig lob ich mir …",
ist dieses jetzt vernichtet
durch schlimme Taten hier?

Es darf die Stadt nicht schlafen.
Sie sei darauf bedacht,
hart jeden zu bestrafen,
der Böses hat gemacht,

dass heute und auch morgen
von Menschen jedermann
beschwingt und ohne Sorgen
nach Leipzig fahren kann.

Mensch, Gott und Weltgeschehen

Ist Zeit mal zum Betrachten da,
was auf der Erde so geschah,
wenn man ein wenig nachdenkt, dann
man Folgendes erkennen kann.
Es war da manches wirklich gut,
was so die Menschheit tat und tut.
So manches hat man sich erdacht,
was uns das Leben leichter macht.
Auch hat so manches man gebaut,
auf das man voll Bewund'rung schaut.
Auch als ein wahres Kunstwerk gilt
von manchem Maler manches Bild;
und manches Buch man noch gern liest
und manche Oper man genießt,
was mal in irgendeinem Land
durch einen Menschen einst entstand.
Auch mancher Mensch in einem Staat
sehr große Liebeswerke tat.
Noch manches andre wäre wert,
dass es Erwähnung hier erfährt.

Doch wer nur Menschen lobt, vergisst,
dass das nur eine Seite ist.
Es fanden viele Kriege statt,
wo viele man getötet hat.
Man kann zu allen Zeiten seh'n,
dass da Verbrechen sind gescheh'n.
Man hat oft Lügen sich erlaubt,
hat andre Menschen auch beraubt.
Man stellte andern Frauen nach,
mit denen man die Ehe brach,

hat andre Leute schlecht gemacht,
weil scheinbar Vorteil das gebracht.
Entstanden durch der Menschen Neid
ist auch schon mancher böse Streit
und manchmal setzte der sich fort
bis zu des andern Menschen Mord.
Wer Augen hat, hat festgestellt:
Viel Schlechtes gibt es in der Welt.
Doch vieles rätselhaft auch bleibt,
wenn man die Menschen nur beschreibt.
Man richte deshalb seinen Sinn
auf Gott und dessen Walten hin.
Statt nach des Menschen Größenwahn
läuft letztlich es nach Gottes Plan.
Er hat uns Grenzen auch gesetzt,
die man nicht ungestraft verletzt.
Geendet hat im Elend dann
so mancher menschlicher Tyrann,
so wie's mit Adolf Hitler kam,
der schließlich sich das Leben nahm,
und vorher als Verbannter schon
gestorben war Napoleon.
Und manches wurde wunderbar,
weil Gott, der Herr, am Werke war,
so wie in unserm Vaterland,
als da die DDR verschwand
und friedlich es blieb bis zum Schluss,
worüber man doch staunen muss.
Das macht, weil Gott im Himmel wohnt,
der Böses straft und Gutes lohnt,
der manchmal hier auf Erden zeigt,
dass Er doch nicht zu allem schweigt,

was auf der Erde hier geschieht,
wo Er auch das Verborgne sieht
und Seine überleg'ne Kraft
Vergeltung für das Unrecht schafft,
das Menschenstolz und Übermut
auf Erden immer wieder tut.

Warnung

So mancher Mensch hat das erlebt:
Er hat nach Geld und Gut gestrebt,
dass er für sich und möglichst leicht
von alledem recht viel erreicht.
Und eines Tages es geschah,
dass er was hörte oder sah,
von dem er sofort hat gemeint:
Das ist etwas, was gut erscheint;
hier kriege ich besonders viel
und ich erreiche schnell mein Ziel,
dazu noch wenig mühevoll;
das ist etwas, das ist doch toll.
So hat er nicht viel nachgedacht
und das, was gut schien, auch gemacht.
Doch bald, nachdem er dort fing an,
kam er in Schwierigkeiten dann.
Was man versprach, das war nicht so.
Er war des Lebens nicht mehr froh,

bis schließlich es dann so weit kam,
dass man ihm auch das Letzte nahm.
Nun wurde es ihm langsam klar,
dass er ganz groß betrogen war
und sich als einer wiederfand,
der vor des Lebens Pleite stand.
Drum soll das eine Warnung sein:
Fallt nicht auf jemanden herein,
der alles Mögliche verspricht
und doch schon weiß, das hält er nicht.
Wenn jemand ganz besonders tut,
dann ist das meistens gar nicht gut.

Vertraut nur einem Menschen fest,
der vorher sich erst prüfen lässt.
Da sei dann mehr nach dem gefragt,
was jemand tut, nicht was er sagt.

Der Mensch von heute

Der Mensch von heute ist bedacht,
dass, was ihm Vorteil bringt, er macht,
und dabei bricht er oft das Recht
und macht dann noch die andern schlecht.

Man lebt jetzt gern in Saus und Braus
und ist auf sein Vergnügen aus.
Man dröhnt sich seine Ohren voll,
damit die Seele schweigen soll.

Den andern Menschen man benützt,
das, was man will, er unterstützt.

Doch findet man es gar nicht gut,
wenn das ein andrer auch so tut.

Man wünscht sich, dass man von dem Geld
für wenig Arbeit viel erhält.
Man zahlt für das dann, was sein muss,
und sucht ansonsten den Genuss.

Es denkt doch heute jedermann,
dass, was er will, er machen kann,
nur muss man dabei es versteh'n,
dass man der Strafe kann entgeh'n.

Wenn Schlechtes in der Welt geschieht,
die Schuld man dann beim andern sieht.
Dagegen oft ein Streit passiert,
wird man von andern kritisiert.

Und weil dem Menschen nicht behagt,
wenn jemand Kritisches mal sagt,
interessiert es ihn auch nicht,
was Gottes Wort zum Menschen spricht.

Darum geschieht in unsrer Zeit
auf dieser Erde so viel Leid.
In Gottes Ewigkeit allein
wird alles sehr viel besser sein.

Die „gute alte Zeit" oder „Effi Briest" und wir heute

Wenn bei Fontanes „Effi Briest"
du dann beim Lesen vor dir siehst,
wie es doch manchmal offenbar
in diesen alten Zeiten war,
dann sitzt du da und denkst sehr froh:
Es ist doch heute nicht mehr so,
dass, wenn man alte Briefe liest,
man im Duell auf andre schießt
und, wenn man dabei übrig bleibt,
die Frau dann ins Verderben treibt,
indem man zu ihr sagt empört,
dass sie nicht mehr ins Haus gehört,
sodass sie dann verlassen steht
und auch im Unglück untergeht.
Man denkt, wenn da man so was tut,
war diese Zeit doch auch nicht gut.

Hans-guck-in-die-Luft heute

In Frankfurt einst ein Arzt mal war,
der sah der Kinder Treiben.
Da wurde ihm auf einmal klar:
Jetzt muss ich etwas schreiben.

Da schilderte er auch ein Kind,
das in die Luft hoch gaffte.
Es sah nicht, wo Gefahren sind,
was ihm dann Unheil schaffte.

Und wer das las, dem fiel dann ein:
Wie kann es nur geschehen,
so töricht in der Welt zu sein,
Gefahren nicht zu sehen?

Was damals nur kam selten vor,
gibt oft es heute wieder.
Nur schaut man statt zur Luft empor
jetzt auf sein Smartphone nieder.

Wehret dem Hass

Das Fernsehen heute zeigt uns das:
Bei vielen Menschen herrscht der Hass.
Man hat auf Bildern das gesehn:
Wenn irgendwo jetzt Häuser stehn,
bei denen es bestimmt soll sein,
dass Asylbewerber ziehen ein,
sie gar an irgend einem Ort
schon eine Weile wohnen dort,
dass man in unserm deutschen Land
man hat solch Häuser angebrannt.

Doch zeigt sich dieses Hasses Spur
nicht gegen Asylbewerber nur.
Auch bei so manchem Fußballspiel
zeigt sich von seinen Früchten viel.
Wenn man so eine Gruppe sieht,
die friedlich da vorüber zieht,
bevor das Fußballspiel beginnt,
wo Fans der andern Mannschaft sind,
und mancher dann, vom Hass bestimmt
gar Steine in die Hände nimmt
und sie auf diese Leute schmeißt,
er damit dieses doch beweist,
dass ihm der andere sei ein Feind,
den er vernichten müssen meint.
So wird ein mancher Mensch jetzt schnell
aus Hass zum andern kriminell.

Und so etwas geschieht jetzt schon
vor einem Fußballstadion.
Genau so schlimm ist, was man dann
drin auf den Rängen sehen kann.

da kann man Hetzparolen sehn,
auf denen solche Worte stehn,
aus denen doch nichts andres spricht
als: Euch, ihr Feinde wollen nicht
auf unserem Gelände wir.
Verschwindet schleunigst doch von hier!
Sonst gilt euch unser Angebot,
dass bald euch die Vernichtung droht.

Wenn so bei Menschen Hass sich zeigt,
dann hoff' ich, dass man nicht mehr schweigt,
dass man dagegen aufbegehrt
und gegen so etwas sich wehrt.
Weil jeder kluge Mensch doch spürt,
dass niemals Hass zum Guten führt,
und wenn das alles weiter geht,
am Ende das Verderben steht,
weil unsere deutsche Nation
das oft hat spüren müssen schon.

Ich wünsche, dass man liebevoll
als Mensch sich stets verhalten soll,
auch wenn so mancher ist dabei,
der von der anderen Partei.

Bedenket doch, was Jesus sprach:
Übt Liebe, richtet euch danach.
Dann sieht man auch in nah und fern
die Fußballspiele wieder gern.

Sonst solltet Ihr woanders sein,
bei einem kleinen Dorfverein,
der Leute auf den Rasen schickt,
wo nur als Amateur man kickt,
wo auch der Gegenspieler Geld
für dieses Spielen nicht erhält.
Denn heute bei dem Profisport
hat stets das Geld das letzte Wort,
so wie das leider überall
in der Gesellschaft ist der Fall.

Ein Scheich in Deutschland

Nach Deutschland kam einmal ein Scheich,
der wollte noch in's Deutsche Reich.
Gewundert hat der Mann sich sehr:
Was, ihr habt keinen Kaiser mehr?
Und eure Farben schwarz – rot – gold,
wer hat denn so etwas gewollt?
Ihr nennt euch jetzt auch Republik.
Wer lenkt denn da des Volks Geschick?
Da nennt sich einer Präsident,
obwohl den niemand richtig kennt.
Und wo führt es denn schließlich hin,
regiert euch mal 'ne Kanzlerin?
Es redet jeder da herein,
das soll Demokratie wohl sein.
Und immer nach paar Jahren mal
schickt ihr das ganze Volk zur Wahl.
Und der, der solche Wahl gewinnt,
mit der Regierung dann beginnt.
Doch wer nichts Gutes da verspricht,
den wählt das Volk dann eben nicht,
sodass, zu meiden den Verdruss,
man vorher erst gut lügen muss,
weil keiner das zu sagen wagt,
was diesem Volke nicht behagt,
weil schließlich der Erfolg zu zählt:
Seht, so viele haben uns gewählt.
Und ihr nennt das dann alles gut,
wenn so etwas man mit euch tut.
Nun, was ihr macht, das ist mir gleich.
Ich bleib bei mir daheim der Scheich.

Von der SPD

Sehr lange war die SPD
im Keller mit den Werten.
Das tat den Altgenossen weh,
die stärker zu sein begehrten.

Man machte daraus keinen Hehl,
wer schuld an dem Versagen.
Das sei vor allem Gabriel,
ihm ging es an den Kragen.

Als dann der Schulz von Brüssel kam –
sein Dienst war dort zu Ende –
da dachte man, wenn den man nahm,
dann kommt die große Wende.

Man hat bei diesem Mann gespürt:
Der rechte Mann, das ist er.
So wurde er nun der, der führt,
der andere Minister.

Es klingt sehr schön, was er so spricht,
sein Wort ist wohl geraten.
Doch helfen schöne Worte nicht,
es helfen nur die Taten.

Und wenn man das, was er schon sprach,
so richtig ernst jetzt nähme,
dann gibt, denkt man darüber nach,
es bald schon die Probleme.

Doch lasst den Schulz auf seinem Thron,
ihr SPD-Genossen,
denn sicher hat der Mann jetzt schon
sein Pulver fast verschossen.

Wird Schulz Regierungschef, erhält
so ein Hartz-Vier-Empfänger
für einen Monat dann mehr Geld,
jedoch kein bisschen länger.

Zwar kommt er da nicht lange hin –
die Biere kann man zählen –;
Doch hat das ja auch nur den Sinn,
die SPD zu wählen.

Die wahren Christen

Ich frag', man mög' es mir verzeihen,
ob das die wahren Christen seien,
die, um die Schöpfung zu bewahren,
am liebsten mit dem Fahrrad fahren,
ansonsten aber Gott verachten
und nur nach eig'nem Vorteil trachten.

Wenn diese wahre Christen wären,
dann würde recht sie Gott verehren,
ihr ganzes Leben so gestalten,
dass sie vor Ihm sich recht verhalten
und über allen ihren Schätzen
Ihn an die erste Stelle setzen.

Sie würden Nächstenliebe üben
und andre Menschen nicht betrüben
und stets nach Gottes Willen ihnen
mit ihren Möglichkeiten dienen,
damit sie andern Leuten nützen
und dadurch die Natur auch schützen,
zu der die Menschen auch gehören,
die leider die Natur zerstören.

g) ein von Krankheit Geplagter

Die Heilerde

Ich wollte einmal auf die Höh'
und hatte Urlaub mir genommen.
Doch habe ich die Diarrhoe
ganz plötzlich in der Nacht bekommen.

Da nahm schnell Heilerde ich ein
und hoffte, dass recht bald sie wirke,
dass ich gesund bald werde sein
für meine Fahrt in das Gebirge.

Und so ist es dann auch gescheh'n.
Ich konnte, wo ich war, verweilen;
ich konnte sitzen, konnte steh'n
und musste nicht zum Abort eilen.

Drum sei dies als mein Rat gesagt:
Wenn man von eben den Problemen
wie einem Durchfall wird geplagt,
dann sollte Heilerde man nehmen.

Segen des Altersleidens

Wenn im Alter die Beschwerden
immer mehr und stärker werden
und wir in den frühern Jahren
schöner und gesünder waren
und man manches so gut brachte,
was jetzt einem Mühe machte,
sollte auch in diesen Tagen
man nicht nur darüber klagen,
dass so manche Altersleiden
jetzt mehr Schmerzen uns bereiten,
vielmehr auch in dem Geschehen
mehr das Positive sehen.
Solche Leiden wollen warnen:
Lasst euch nicht von dem umgarnen,
was nur kurz uns kann erfreuen
und wir ewig dann bereuen,
weil nach irdischem Verweilen
alle wird der Tod ereilen,
denn auf unsern Lebenswegen
gehen wir ihm stets entgegen,
wo von irdischen Genüssen
alle wir uns trennen müssen.
Doch der Tod ist nicht das Ende,
vielmehr eine große Wende.
Gott wird Tote auferwecken.
Manche werden dann erschrecken.
Es wird so dann weiter gehen,
dass man wird vor Christus stehen
und Er wird Sein Urteil sprechen,
wird getanes Unrecht rächen.
Seine Strafe wird erhalten,
wer sich lebend schlecht verhalten,

wer das Gotteswort verachtet
und auf Erden nur getrachtet
nach der eigenen Lust und Ehre
und dass er sein Gut vermehre.

Davor will uns Gott bewahren.
Deshalb will in Altersjahren
Er dafür die Zeit auch schenken,
über uns recht nachzudenken,
dass wir Irrtümer erkennen
und von Schädlichem uns trennen,
uns in Gottes Hände ganz geben
und wie Er es fordert leben.
Denn Gott hat, wenn wir verschieden,
uns dann Herrliches zu bieten,
dass mit geistlich neuem Leibe
ewig man bei Christus bleibe,
der uns an die Hand will nehmen,
dass auch in Sein Reich wir kämen,
wo befreit von allem Grauen
wir dann Wunderbares schauen,
was noch schöner wird erscheinen
als von Gold und Edelsteinen.

Dass wir dieses nicht verpassen,
will uns Gott auch leiden lassen,
um uns da hindurch zu führen,
dass am Ende wir es spüren:
Herrlich war, wie Gott es machte,
dass Er zu dem Ziel uns brachte,
denn es ist des Lebens Krone,
dass man ewig bei Gott wohne,
und es dankbar kann erleben:
Herrliches kann Gott uns geben.

Im Frankenland

Als bei Bayreuth in Bayern wir,
da schmerzten beide Beine mir.
Dabei beinah' war ich verletzt.
Drum sag' ich bye-bye Bayreuth jetzt.

Ein Rückfall und seine Lehren

Mit meinen Knien war es aus,
weshalb sie die verletzten
in Zwickau in dem Krankenhaus
durch künstliche ersetzten.

Nach meiner Operation
war eine Zeit vergangen.
Es hatte sich mein Leiden schon
zu bessern angefangen.

Da dachte ich im Übermut:
Viel kann ich wieder tragen.
Doch Übermut tut selten gut.
Nun muss ich es beklagen,

dass da ein Rückfall ist geschehen
mit meinen Knien, den beiden.
Ich muss erneut mit Krücken gehen
und wieder Schmerzen leiden.

Das Alter macht es offenbar
und lehrt uns zu bedenken:
Es zählt nicht mehr, was früher war;
es gilt, sich einzuschränken.

Die Jugend kehrt nicht mehr zurück,
wo vieles mehr wir machten.
Doch sollten auf manch kleines Glück
wir Alten viel mehr achten.

Vor allem aber sollten wir
den Blick zu Gott hin heben,
dass wir nach diesem Leben hier
die Ewigkeit erleben,

dass bei dem großen Weltgericht,
wo jeder muss erscheinen,
dann Jesus Christus zu uns spricht:
Dich zähl' ich zu den Meinen.

Wenn in der Alterslebenszeit
wir nun mehr Leiden merken,
will Sehnsucht nach der Ewigkeit
das mehr und mehr uns stärken.

Der Patient und das Krankenhaus

Paracelsus-Klinik Zwickau

So manches muss in Deutschland sein
wie auch ein Krankenhaus.
Man kommt als Patient hinein
und wieder dann hinaus.

Doch während man nun darin liegt
und seine Zeit verweilt,
ist wichtig, dass man Hilfe kriegt
und möglichst wird geheilt.

Die Ärzte und die Schwesternschaft
sind dabei stets ein Team.
Dem Patienten gilt die Kraft,
damit sie helfen ihm.

Man sorgt dort auch für Sauberkeit –
auch so etwas muss sein.
Das Essen stellt man uns bereit.
Das macht sich nicht allein.

Und haben sie ihr Werk vollbracht,
ein Mensch geht heimwärts nun,
dann sei mit Dank an sie gedacht
für all ihr gutes Tun.

Im Krankenhaus

Ich lag im Bett und war k. o.,
manch andrem ging es ebenso.
Man fühlt sich oft so hilflos an,
wenn man so, wie man will, nicht kann.

Doch wenn dann Besserung tritt ein,
dann sollte man zufrieden sein,
ist es auch nur ein kleiner Schritt,
den da der Körper nun macht mit.

Man sei in dieser Leidenszeit
zum Dank an Helfer gern bereit.
Doch noch mehr sei an Gott gedacht,
der Heilung möglich hat gemacht.

Erlebnis bei der Physiotherapeutin

Als ich zur Physiotherapie war,
geschah etwas, was vorher nie war.
Die Physiotherapeutin hatte
für mich geholt da eine Matte,
um deshalb sie dort hinzulegen,
dass ich die Beine sollt' bewegen,
damit sie dabei bei mir sehe,
wie mit dem Knie es vorwärts gehe,
ob denn die Operationen
sich nun bei mir ach wirklich lohnen.
Dann hat sie den Befehl gegeben,
ich soll mein rechtes Bein hochheben.
Doch dabei war sie sich im Klaren,
es drohen dabei auch Gefahren.
Ich kann das Gleichgewicht verlieren
und lieg' dann da auf allen Vieren.
Drum reichte sie mir ihre Hände,
damit an ihnen Halt ich fände,
worauf ich es ganz kühn dann wagte,
dass ich ihr diese Worte sagte:
„Wenn sie so lieb die Hände reichen,
dann will ich nie von Ihnen weichen."

Der seltsame Doktor

Als ich früher mal in Witten
unter meinen Hämorrhoiden
habe doch sehr schlimm gelitten,
bin zum Doktor ich geschritten,
um der Wahrung aller Sitten
ihn um folgendes zu bitten:

dass er möge sich nicht schämen,
vielmehr doch dazu bequemen,
sie aus meinem Leib zu nehmen,
weil sie doch so sehr mich lähmen,
wie das einst geschah in Bremen,
doch er sprach, um mich zu zähmen:

Ob ich das bei Ihnen mache,
ist noch immer meine Sache,
wenn ich auch nicht drüber lache,
gehe unter meinem Dache
ich damit so zu Fache,
dass ich stets darüber wache,

dass bei allen solchen Dingen,
es mir möge stets gelingen,
dieses Leiden zu bezwingen,
so wie damals wir in Bingen
immer einst zu Werke gingen,
um es zum Erfolg zu bringen.

Nach der Knieoperation

Als wegen meinem rechten Knie
ich ging zur Physiotherapie,
da war für mich an diesem Ort
stets eine junge Dame dort,
die immer war darauf bedacht,
dass stets sie alles richtig macht'.
Da habe ich es mal gewagt
und habe diese Frau gefragt:
„Warum schränkt man hier alles ein
aufs rechte und aufs linke Bein,
wo doch mein ganzer Körper schreit:
Ich sehne mich nach Zärtlichkeit.
Warum lässt man in diesem Haus
vom Kopf bis zu der Mitte aus?
Wenn hier ich auf dem Rücken lieg'
und meine Beinbehandlung krieg',
dann wünsche ich, dass Ihre Hand
dem ganzen Körper zugewandt;
wobei auf diesen Hochgenuss
bei Ihnen ich verzichten muss!".
Ich sprach ganz ruhig das zu ihr,
und deshalb sagte sie zu mir:
„Wir hier in diesem Haus sind ganz solid',
bei uns nur so etwas geschieht,
was da auf den Rezepten steht,
und niemand hier noch weiter geht.
Sie müssen, soll noch mehr gescheh'n,
statt her zu uns zu andern geh'n,
wo man, bezahlt man da viel Geld,
auch andres als bei uns erhält.
Was wir hier tun im Haus für Sie,
dient nur zu Ihrer Therapie."

h) ein von Gott Geliebter

Herr N., ich und Gott

Er wollte stets der Größte sein;
drum machte er die andern klein,
die er für sich in seinem Stand
als eine Konkurrenz empfand.

Und war das auch ein schlechter Schritt,
so machten doch ihn viele mit,
ob's recht war, hat man nicht gefragt,
man machte, was der Führer sagt.

So habe ich in dieser Zeit
erlebt durch ihn so manches Leid.
Es hat auch mancher mitgemacht,
von dem ich niemals das gedacht.

Doch weil die Menschen ich durchschaut',
hab' ich allein auf Gott gebaut,
und ich vertraute Ihm ganz fest,
dass Er mich nicht versinken lässt.

Am Ende hat mich wunderbar
gerettet Gott aus der Gefahr.
Zuletzt stand doch für mich Gewinn,
weshalb ich Gott sehr dankbar bin.

Verstand und Glauben

Gott hat uns den Verstand gegeben
für diese Welt und dieses Leben,
dass wir ihn dann dazu benützen,
die Welt zu kennen und zu schützen.

Doch kann es Menschen nie gelingen,
in Gottes Allmacht einzudringen.
Der Mensch kann Wissen zwar erweitern,
doch wird an Gott er immer scheitern.

Ein Christ sei sich dabei im Klaren:
Gott kann und will Sich offenbaren.
Der Mensch kann sich beschenken lassen,
um dann im Glauben zuzufassen.

Lässt man sich so von Gott beschenken,
dann ist es recht, auch nachzudenken,
was denn es nun für uns bedeute,
womit uns Gott so reich erfreute.

Das soll in Demut recht geschehen
mit Dank für das, was wir verstehen,
und Wissen, dass bei unserm Treiben
stets manche Fragen offen bleiben.

Göttliche Wünsche

1. Gott wünscht Sich von Dir zuzugeben,
   dass dieses wahr und richtig ist,
   dass Du in Deinem Menschenleben
   ein armer, schwacher Sünder bist.

2. Doch solltest Du Dich dann nicht schämen,
   das Heil, das Jesus hat vollbracht,
   im Herzen gläubig anzunehmen,
   weil das für ewig selig macht.

3. Und dann lass Dich von Jesus führen.
   Gott gibt Dir Seinen Heil'gen Geist.
   Du kannst in Dir die Kraft dann spüren,
   zu tun, was Gott zu tun Dich heißt.

Das Unrecht

Das Unrecht lässt sich nicht vermeiden,
bis wir einmal im Grabe ruh'n.
Doch sollten wir es lieber leiden,
als dass wir es als Christen tun.

In einer besseren der Welten
nach Ende dieser Erdenzeit
wird Leid uns überreich vergelten
dann Gott in Seiner Herrlichkeit.

Unglauben und Glauben

Gott wird trotz menschlich-stolzem Treiben
doch immer Herr in allem bleiben.
Er kann vor Menschen Sich verbergen,
dass sie Sein Dasein gar nicht merken.

Doch ihrem Handeln, ihrem Schwätzen
kann Er doch Seine Grenzen setzen
und kann in schlimmen Strafgerichten,
was sie sich stolz erbaut', vernichten.

Die Menschen sollen dadurch spüren:
Gott will sie zu der Demut führen,
dass ihre Schwachheit sie erkennen
und ihre Sünde auch so nennen.

Dann will Gott Seinen Geist verleihen,
dass Menschen in der Lage seien,
sich gläubig ganz Gott zu ergeben
und dann als Gotteskind zu leben.

Dankgebet

Gott hat die Nahrung uns gegeben,
dass wir, wenn wir sie nutzen, leben.
Drum sei es eine unsrer Pflichten,
dass wir ein Dankgebet verrichten.
Doch sollten wir, die satt geworden,
bedenken, dass an andern Orten
es viele gibt, die schlechter leben.
Wir sollten ihnen etwas geben.

Gottes Gnadenangebot

Wir sind es allesamt nicht wert,
dass Gott viel Gutes uns beschert,
weil keiner Ihn so lobt und ehrt,
wie recht wär', wenn man so verfährt.

Wenn Gott der Herr dann dennoch nicht,
wie eigentlich es Seine Pflicht,
an uns vollzieht Sein Strafgericht,
stattdessen voll Erbarmen spricht:

„Weil ich doch Euer Schöpfer bin,
bring ich statt Schaden Euch Gewinn.
Ich hab als Ziel für Euch im Sinn,
zu führen in mein Reich Euch hin."

Drum lasst Euch glaubend auf mich ein.
Sagt zu dem Angebot nicht ‚Nein':
„Ich will doch Euer Vater sein,
und Ihr seid wie die Kinder mein."

Abgesang

Eines will ich Euch noch sagen:
Ihr sollt über mich nicht klagen,
wenn man mich des Todes wegen
einmal in das Grab wird legen.

Denn der Tod ist nicht das Ende,
sondern nur die große Wende.
Jeder wird mal Christus sehen
und vor Ihm, dem Richter stehen.

Weil ich einen Christ mich nenne,
gläubig mich zu Ihm bekenne,
wird trotz meiner Schuld und Schwächen
Er barmherzig zu mir sprechen:

Weil ich Dich, Du alter Knabe,
auch am Kreuz gerettet habe,
darfst Du mit den andern Frommen
zu mir in mein Reich nun kommen.

Dort ist alles Leid verschwunden,
was auf Erden man empfunden.
Herrlichkeit nur wird es geben,
die man ewig kann erleben.

Schuld und Gnade

Was ich jetzt folgend stelle dar,
geformt zu dem Gedichte,
macht Schuld und Gnade offenbar,
weshalb ich es berichte.

Ein Mann war nur auf sich bedacht,
auf seine Macht und Ehre,
dass jeder andre das nur macht,
was ihm von Vorteil wäre.

Sehr viele machten alles mit.
Die wollten nicht verlieren.
Nur einer wagte diesen Schritt,
sich da zu distanzieren.

Da sah der Mann sich diesen an
und dachte: Diesen Schwachen,
der mir gefährlich werden kann,
will ich jetzt fertig machen.

Er dachte, dass der Mann zerbricht,
liegt er mit ihm im Streite,
doch rechnete mit Gott er nicht.
Er war an seiner Seite.

Obwohl der Mann gelitten hat
in diesem schweren Kriege,
fand doch sein Untergang nicht statt.
Gott half ihm zu dem Siege.

Drum gebe allen ich den Rat:
Mag scheinbar es auch nützen,
Ihr sollt, wenn jemand Böses tat,
das nicht noch unterstützen.

Vielmehr wenn jemand Gutes tut,
sollt Ihr Euch zu ihm stellen,
weil Gottes Segen auf Euch ruht
in allen solchen Fällen.

Der göttliche Heilweg

Bei Menschen sollte unterbleiben
uns all das Gute zuzuschreiben,
das wir doch Gott und Seinen Gaben
letztendlich zu verdanken haben.

Denn nicht durch uns ist das entstanden,
was auf der Erde ist vorhanden,
wo gut geordnet alle Sachen,
die hier ein Leben möglich machen.

Wenn nun wir Gott den Schöpfer nennen,
dann sollten wir auch anerkennen:
Er hat das Recht für unser Leben,
uns Seine Vorschriften zu geben.

Und wenn von göttlichen Gesetzten
wir Menschen etliche verletzen,
dann sollten wir Gott zugestehen:
Von Ihm kann Strafe dann ausgehen.

Und wenn Er sagt: Ich will aus Liebe,
dass solche Strafe unterbliebe,
weil Jesus einst ein Werk vollbrachte,
dass Euch Vergebung möglich machte,

dann sollten wir nicht unterlassen,
nach Jesu Gnadenhand zu fassen,
der uns will aus dem Sumpfe ziehen,
dass wir dem Untergang entfliehen.

So können wir das Heil erlangen,
bei dem Er uns vorangegangen,
ein Leben voller Herrlichkeiten
in Ewigkeit uns zu bereiten.

Gottvertrauen

Gott, der auch meine Haare zählt[5]
und über allem wacht,
der kennt auch alles, was mich quält
und was mir Sorgen macht.

Und weil Er gern mir helfen will
und immer es auch kann,
bleib ich im Glauben an Ihn still,
vertraue mich Ihm an.

Und wenn es Gott mal anders tut,
als es mir gleich gefiel,
dann weiß ich: Es wird trotzdem gut.
Er führt zum guten Ziel.

Nichts Schlechtes mehr uns dort geschieht,
verschwunden ist das Leid,
stattdessen überall man sieht
nur große Herrlichkeit.

---

5 Vgl.: Matthäus 10, 30.

Auferstehung

Wer sagt, vom Tod ein Auferstehen,
das kann es doch nicht geben,
der soll mal auf die Raupe sehen,
was er da kann erleben.

Denn dieses Tier lässt mal die Haut
auf dieser Erde liegen,
und einen Schmetterling man schaut
da in die Lüfte fliegen.

Wenn die Natur es bei uns schafft,
so etwas zu vollbringen,
dann kann doch Gott mit Seiner Kraft
auch Größeres gelingen.

Und der Beweis ist dafür schon
seit Ostern längst vorhanden,
als Jesus Christus, Gottes Sohn,
vom Tod ist auferstanden.

Dass Jesus neu im Leben war,
das haben die erfahren,
die dicht bei Ihm mehr als ein Jahr
als Seine Jünger waren.

Sie fingen zu verkünden an,
was damals ist gewesen;
und dadurch jetzt ein jeder kann
es in der Bibel lesen.

Göttliche Beseligung

Gott kam zu mir, als ich ganz unten,
hat mich von meiner Schuld befreit.
So ist Verzweiflung schnell verschwunden
und Freude herrscht seit jener Zeit.

Ich lasse gern von Ihm mich leiten.
Er soll mir stets der Größte sein.
Er will mir Herrlichkeit bereiten
und führt mich in Sein Reich hinein.

Segen des Vergebens

1. Dem anderen die Schuld verzeihen,
   hilft nicht nur dem, der dies erfährt;
   es wird auch Segen dem verleihen,
   der das dem anderen gewährt.

2. Denn hast Du recht die Schuld vergeben,
   auch dem, der einst Dich sehr gekränkt,
   dann wirst Du bald schon es erleben,
   dass Gott Dich dafür reich beschenkt.

3. Es zieht dann in Dein Herz ein Frieden,
   der Dich sehr glücklich macht, bald ein,
   und Dir wird dies als Trost beschieden,
   dass Gott stets will Dein Helfer sein.

4. Du lernst auch manches anders sehen,
   was Dir zunächst als Leid erscheint,
   Du wirst dann hinterher verstehen:
   Gott hat es gut mit Dir gemeint.

5. Du kannst schon Gottes Hilfe spüren
   in dieser Welt und dieser Zeit
   und weißt: Er wird Dich gnädig führen
   zu Sich in Seine Ewigkeit.

Unser Leiden

1. Wir Menschen müssen hier auf Erden
   mit ach so vielem fertig werden.
   Es gibt zu allen Lebenszeiten
   zwar Freude, doch auch viele Leiden.

2. Da kann in seinem Stolz man denken:
   Ich lass mir keine Hilfe schenken.
   Lasst mich mit eurem Quatsch in Ruhe!
   Ich weiß schon selbst stets, was ich tue.

3. Man kann Probleme überspielen
   und scheinbar leicht Erfolg erzielen.
   Doch schaut man dabei dann genauer,
   ist der meist nicht von langer Dauer.

4. Wir können, dass wir Hilfe fänden,
   bei allem uns an Gott auch wenden,
   und Ihm im Glauben anvertrauen
   und dann auf Seinen Beistand bauen.

5. Das, was man braucht zu seinem Leben,
   will als ein Vater Gott uns geben,
   und wenn uns Schuld und Sorgen lähmen,
   will Er sie gnädig von uns nehmen.

6. Wir sollten stets auf Christus sehen
   und was durch Ihn für uns geschehen.
   Er kann den Tod uns überwinden,
   dass wir bei Ihm uns wiederfinden.

Vor dem Weihnachtsfest

Was sich nun bald schon wieder jährt,
ist wahrlich der Beachtung wert.
Durch den, den in der Heil'gen Nacht
Maria hat zur Welt gebracht,
kam Gott auch uns als Vater nah;
und was durch Jesus dann geschah,
bringt dem, der an Ihn glaubt, das Heil:
Er hat am ew'gen Leben teil.

Tischgebet

Bevor das Essen ist im Magen,
woll'n, lieber Gott, Dir Dank wir sagen.
Was auf den Tellern, in den Tassen,
hast alles, Gott, Du wachsen lassen.
Wir bitten Dich für unser Leben,
Du wolltest weiterhin das geben,
damit bei uns an Leib und Seele
von dem, was nötig ist, nichts fehle.

Lob der Gnade Gottes

Trotz allem menschlichen Versagen
in meinem Leben als ein Christ
will weiter ich mit Gott es wagen,
weil Er doch so barmherzig ist.

Ich will mich nicht auf das versteifen,
was ich mit eig'nen Kräften kann;
will vielmehr gern das Heil ergreifen,
das Gott in Christus bietet an.

Doch will ich nicht an mich nur denken
und was mir selber dient zum Heil,
will gern die Gnade andern schenken,
dass sie auch daran haben teil.

Die Menschen, die sich so verhalten,
die segnet Gott auf Erden schon.
Dann werden sie von Ihm erhalten
in Ewigkeit den schönsten Lohn.

Gesegnetes Vergeben

Hast Du dem anderen vergeben,
was er dir Böses angetan,
dann kannst Du herrlich das erleben:
Es bricht sich Jesus Christus Bahn.

Man muss nicht krampfhaft mehr verschweigen,
was einst an Unrecht mal geschah.
Es wird sich beim Gespräch dann zeigen:
Gott ist uns jetzt als Heiland nah.

Hat wirklich man dazu gefunden,
dass ganz von Herzen man vergibt,
sind Wut und Rachegeist verschwunden,
weil Gott es will, dass man sich liebt.

Wenn nun man unter Gottes Segen
auf das, was einst gewesen, schaut,
beginnt sich neu in uns zu regen,
dass man dem anderen vertraut.

Es zieht dann wunderbarer Frieden
von Gott in unser Herz hinein;
und das, was da uns wird beschieden,
lässt uns im Tiefsten glücklich sein.

Die entscheidende Blickrichtung

Wendest Du nur Erden-Dingen
zu den Geist und das Gesicht,
wird Dir vieles zwar gelingen,
doch das Allergrößte nicht.

Gott nur kann dem Menschen geben,
dass Er ihn von Schuld befreit
und dann ihm das ew'ge Leben
schenkt in Seiner Ewigkeit.

Zwei Tischgebete

Es sind doch, Herr, Deine Gaben,
die wir jetzt hier vor uns haben.
Bald sind sie bei uns im Magen.
Dafür woll'n wir Dank Dir sagen,
denn so willst Du Kraft uns geben,
die uns nötig ist zum Leben.

Vorm Essen wir bekennen dies:
Du bist's, Herr, der es wachsen ließ.
Drum sei jetzt froh an Dich gedacht
und Dir der Dank gern dargebracht.

Gott – der Sündenbock oder der Herr

Den Eindruck heute man gewinnt,
dass viele dieser Meinung sind:
Wenn es den Menschen gut ergeht,
der Grund dafür in dem besteht,
was da der Mensch aus eig'ner Kraft
in seinem Leben sich geschafft.
Er hat ja schließlich den Verstand,
mit dem er immer hat erkannt,
wo sich bot eine Chance dar,
die für ihn gut und nützlich war,
und immer nutzte er dann sie
mit seiner großen Energie,
sodass an ihm man dieses sieht:
Der Mensch ist seines Glückes Schmied.

Doch geht's dem Menschen gar nicht gut,
dann etwas anderes er tut.
Kommt etwas, was er gar nicht liebt,
die Schuld er stets auf andre schiebt.
Da hat ein andrer ihn verführt,
zu tun das, was sich nicht gebührt.
Da ist es irgendwo ein Mann,
der einen gar nicht leiden kann,
der, weil sein Herz so voll Neid,
mir immer nur will bringen Leid,
ja, der im Grunde so verrucht,
dass er mich zu vernichten sucht,
der immer nur darauf bedacht,
dass er bei andern schlecht mich macht.
Man ist ja selber stets im recht,
nur sind die anderen so schlecht.

Und kann kein andrer Mensch es sein,
dann fällt den Leuten Gott noch ein,
der stets Sich so verhalten muss,
dass Er uns Menschen bringt Genuss.
Wenn man sich selbst zum Herrn erklärt,
da muss Gott tun, was man begehrt,
und wenn Er Sich nicht so verhält,
wie uns als Menschen das gefällt,
wenn Er uns nicht bewahrt vor Not,
erklärt man eben Gott für tot.
Doch wenn auch so ein Gottesbild
für viele Menschen heute gilt,
ist es in Wirklichkeit doch nur
gebildet als Karikatur.

So ist in Wirklichkeit doch nicht
der Gott, von dem die Bibel spricht,
die als den Schöpfer Ihn bekennt
und unsern Herrn, der Macht hat, nennt,
der wie ein Töpfer als Person
Geräte formen kann aus Ton,
um dann als Schöpfer souverän
mit allen Menschen umzugeh'n.[6]

Und dieser Herr und Schöpfer dann
von jedem es verlangen kann,
dass er sich immer demutsvoll
zu Ihm als Herrn verhalten soll,
und dass ihm Gottes Strafe droht,
wenn er missachtet Sein Gebot,

---

6 Jesaja. 29, 16-45 ; Römer 9, 21-64 ; Jeremia 18, 1-6.

und die mit Recht er auch erhält,
wenn er zu Gott sich schlecht verhält.
Wenn Gott uns Sünder dennoch liebt
und uns so vieles Gute gibt,
wenn Er es wie ein Vater macht,
der stets auf unser Wohl bedacht
und der, wenn uns mal Leid geschieht,
zu unserm Besten so erzieht,
weil dies Er hat mit uns im Sinn
zu bringen an das Ziel uns hin,
zu leben, Jesus Christus gleich
für ewig dann in Seinem Reich,
bewege dies des Menschen Geist,

dass er Ihn dafür lobt und preist.

Noch ein Tischgebet

Bevor es jetzt ans Essen geht,
geschehe dieses Dankgebet:
Das was als Nahrung uns erstand,
kommt letztlich, Gott, aus Deiner Hand;
darum sollst Du gepriesen sein,
bevor wir nehmen Nahrung ein.

i) ein auf Christus Vertrauender

Postmortale Hoffnung

Jeder, der als Mensch auf Erden
irgendwo im Lande weilt,
weiß, es wird mal anders werden,
weil ihn doch der Tod ereilt.

Mancher, der für sich erstrebte
Ehre, Geld und Macht allein,
wünscht bei dem, wie er so lebte:
Tod muss doch das Ende sein.

Denn er möchte nicht erleben,
dass für Taten, welche schlecht,
es für ihn wird Strafe geben,
die von Gott und die gerecht.

Jemand aber, der gelitten
unter Schmerzen öfters mal,
wünscht nach solchen schweren Schritten
dann ein Leben ohne Qual.

Alles, was uns Leiden brachte,
das sei dann für uns vorbei.
Alles, was uns Freude machte,
jetzt noch mehr und schöner sei.

Dass es schön, wird das passieren,
wird man wohl bestreiten kaum.
Doch wer kann denn garantieren,
dass das nicht nur schöner Traum?

Wenn wir auf uns selbst nur schauen,
bleibt das alles zweifelhaft.
Aber wenn wir Gott vertrauen,
spüren wir, dass Er das schafft.

Unsre Hoffnung ist vorhanden,
weil mit Christus dies fand statt,
dass Er ist vom Tod erstanden,
so wie Gott gewollt es hat.

Darum wird mit uns geschehen,
wie es Christus uns versprach,
dass wir auch vom Tod erstehen,
und so folgen Christus nach.

Wie zu Himmelfahrt vor Jahren
Jesus in Sein Reich trat ein,
werden dann auch wir erfahren,
ewiglich bei Ihm zu sein.

Der Teufel und seine Überwindung

Den Teufel aus der Welt zu treiben,
gelingt auf Erden Menschen nicht.
Er kann stets gegenwärtig bleiben,
wenn jemand handelt oder spricht.

Wenn Menschen sagten: Was wir machen,
das wird für alle ideal,
dann endeten stets solche Sachen
besonders schlimm ein jedes Mal.

Nur Jesus ist es einst gelungen,
dass da Entscheidendes gescheh'n.
Er hat den Teufel einst bezwungen
durch Seinen Tod und Aufersteh'n.

Nun will Er all die Seinen führen
in Seines Himmelreiches Pracht.
Dort endlich werden wir es spüren:
Hier hat der Teufel keine Macht.

Gott der König

Wenn Jesus sagt: Das Himmelreich
ist einem Königreiche gleich,
dann sei zunächst daran gedacht:
Ein König hatte damals Macht.
Denn nirgends war ein Parlament
mit einem, der dort Präsident.
In keiner Stadt und keinem Land
hat jemand Kanzler sich genannt,
denn es war jedem damals klar:
Regierungschef der König war.
Er hat allein die Stadt gelenkt,
und seine Macht war nicht beschränkt.
Und wenn sich jemand so verhält,
wie es dem König nicht gefällt,
ist klar, dass dieser diesen Mann,
wenn er es will, bestrafen kann.
Wenn so ein König nun als Bild
für Gott, den Herrn als Schöpfer gilt,
dann schärft uns Jesus damit ein:
Es soll für euch das Motto sein,
dass ihr euch immer Mühe gebt,
dass ihr nach Gottes Willen lebt;
denn wenn ihr dies im Leben tut,
dann geht es euch am Ende gut,
wenn ihr es nicht tut, aber schlecht,
weil Gott des Menschen Sünde rächt.

Und keine Revolution
stürzt diesen König von dem Thron,
so wie man das in unserm Staat
mit unserm Kaiser Wilhelm tat
und auch in Russland mit dem Zar,
der früher dort der Herrscher war.
Sagt jemand voller Stolz auch jetzt:
Wir haben Gott auch abgesetzt,
dann ist das letztlich lächerlich,
denn damit schadet man nur sich,
weil jedem Menschen mit dem Tod
all seiner Stärke Ende droht,
und niemand mehr dann dem entflieht,
was dann durch Gott mit ihm geschieht,
wo so mit ihm es weiter geht,
dass er vor Gott, dem Richter steht,
wo Er allein das Urteil fällt,
ob man in Gottes neuer Welt,
durch Seine Gnade Anteil hat;
da findet eben auch was statt,
dass man zu furchtbarem Verdruss
in ewige Verdammnis muss.
Drum wünsche ich, dass klug Ihr seid
und gut nutzt eure Lebenszeit,
dass Ihr das tut, was Gott Euch lehrt
und annehmt, was Er Euch gewährt.

Gott der Herr und Vater

Erkenne es bei Gott doch an,
dass Er als Herr auch strafen kann,
dass Seine Macht Er manchmal zeigt,
dass Er zu alledem nicht schweigt,
was da ein Mensch auf Erden tut,
ob es denn schlecht ist oder gut,
oder er nur tut, was ihm behagt,
und nicht nach Gottes Willen fragt.

Mit Christen Gott stets gut es meint,
auch wenn es anders mal erscheint,
denn wenn beim Christen Leid geschieht,
soll wissen er, dass Gott erzieht.
Er hat mit uns doch dies im Sinn,
dass Er zum guten Ziel führt hin,
dass dort in Seiner Ewigkeit
für uns viel Schönes steht bereit,
dass nach dem Tod man genießt,
so wie man in der Bibel liest,
wo alles dort dann findet statt,
was Jesus uns bereitet hat.
Doch dieses Ziel man nur erreicht,
wenn man als Christ nicht von Ihm weicht,
wenn man im Glauben an Ihn bleibt
und nicht auf Erden Dinge treibt,
von denen einmal man muss spür'n,
dass nur sie ins Verderben führ'n.

Drum bleibe auch beim Leiden still
und höre, was Gott sagen will,
der liebevoll stets an uns denkt
und wenn Er nimmt, dann viel mehr schenkt.

Den Segen dann von Deinem Leid
spürst Du in Gottes Ewigkeit.

Ostern und unser Lebensziel

Gott hat uns für unser Leben
ein bestimmtes Ziel gegeben.
Unser Tod ist nicht das Ende,
sondern eine große Wende.

Gott will uns dann ganz erneuen
und mit Herrlichkeit erfreuen,
dass mit geistlich neuem Leibe
ewig man bei Christus bleibe.

Um das Ziel auch zu erreichen,
darf man nicht von Christus weichen,
denn Er öffnet die Türen,
die zu diesem Ziele führen.

Was zu Ostern ist geschehen,
führt auch uns zum Auferstehen.
Er ist uns vorausgegangen,
dass auch wir das Ziel erlangen.

Misstrauen und Vertrauen

Vertraue auf die Menschen nicht,
dass sie sich gut verhalten.
Sie lügen Dir ins Angesicht,
die schäbigen Gestalten.

Sie lieben zwar den guten Schein,
das Selbstlob darf nicht fehlen.
Doch tritt einmal der Ernstfall ein,
kannst Du auf sie nicht zählen.

Man soll, geht es um wahres Heil,
nie auf die Menschen schauen.
Es wird uns nur von Gott zuteil,
wenn wir Ihm fest vertrauen.

Nur Jesus hatte nicht im Sinn
für Sich stets nur das Schöne.
Er gab Sein Leben für uns hin,
dass Er mit Gott versöhne.

Nachdem Er so das Heil vollbracht
und unsre Schuld vergeben,
gab Gott in Seiner großen Macht
Ihm ewig neues Leben.

Und weil zu Ostern Er besiegt
hat alle Seine Feinde,
an Seinem Siege Anteil kriegt
die christliche Gemeinde.

Das Goldene Ehejubiläum

Dass wir jetzt feiern, hat den Grund,
dass wir vor 50 Jahren
begannen unsren Ehebund,
als wir ein Brautpaar waren.

Wir sagten alle beide „Ja".
Ich weiß es noch wie heute.
Und plötzlich standen wir dann da
als junge Eheleute.

Wir wollten nun seit dieser Zeit
in allen unsren Tagen,
was uns das Schicksal hielt bereit,
nur noch gemeinsam tragen.

Viele Freude es gegeben hat,
was dankbar wir genossen.
Doch fand auch manches Übel statt,
was oft uns sehr verdrossen.

So mancher Mensch hat uns beschenkt
mit vielen guten Gaben.
Doch mancher hat uns sehr gekränkt,
wo wir gelitten haben.

Doch wollten nicht auf Menschen schau'n
wir nur in unsrem Leben.
Wir wollten stets auf Gott vertrau'n
und das, was Er kann geben.

Da haben oftmals wir gespürt
bei wirklich vielen Sachen;
Gott hat uns wunderbar geführt.
Er wird es weitermachen.

Er führt uns in Sein ewig' Reich.
Dort werden wir Ihn sehen
und uns wird dann, den Engeln gleich
nur Herrliches geschehen.

Christliche Perspektive

Es geht mir nicht um Kleinigkeiten.
Es geht mir um das große Ziel.
Worum sich andre Leute streiten,
bedeutet mir jetzt nicht mehr viel.

Ich will die Ewigkeit erreichen,
die unser Erdenleben krönt,
und darum nicht von Jesus weichen,
der mit Gott Vater uns versöhnt.

Er hat mir meine Schuld vergeben.
Was es da gab, bedrückt mich nicht.
Ich werde darum es erleben:
Er rettet mich beim Weltgericht.

Er wird dann in Sein Reich mich führen,
wo ich mit geistlich neuem Leib
werd' nur noch Herrlichkeit verspüren,
in der mit Christus ich stets bleib.

Ende und Neuanfang

Es gibt auf dieser Erde viel,
das ich hier höre, schmecke, sehe,
jedoch das Schönste ist das Ziel,
dem ich als Christ entgegengehe.

Reicht mir der Tod die kalte Hand,
dann werde ich nicht vor ihm fliehen,
weil Christus doch ihn überwand,
und Er wird mich dann zu Sich ziehen.

Kann ich mal diese Erdenzeit
in aller Ruhe überdenken,
so gab für mich es auch viel Leid;
doch Christus wird mir Bess'res schenken.

Da gibt es nichts, was Schmerzen macht,
kein Mensch kann Böses mehr bereiten,
dagegen gibt es große Pracht,
und diese bleibt für alle Zeiten.

Überheblichkeit und Demut

Bist als Mensch Du überheblich,
ist Dein Christsein ganz vergeblich,
denn es wird Dir nie gelingen,
Gott in Dein System zu zwingen.

Hat man wirklich Gott gefunden,
ist mit Demut das verbunden,
denn man will mit seinem Leben
ganz in Gottes Hand sich geben.

Sicher darf als Mensch man wagen,
seine Wünsche Gott zu sagen,
doch dann gilt es einzusehen:
Herr, Dein Wille soll geschehen.

Falscher Ehrgeiz

Das, was wir geleistet haben,
danken wir den Gottesgaben,
deshalb sollte man im Leben
Gott vor allem Ehre geben.

Wenn es manche Menschen lieben,
immer sich nach vorn zu schieben,
und dann diese Leute wollen,
dass die andern Beifall zollen,

sollte man, statt sie zu ehren,
ihrem schlimmen Treiben wehren
und sie nicht noch unterstützen,
wenn sie andre nur benützen.

Das wird ihre Freude dämpfen
und sie werden die bekämpfen,
die nicht so wie plumpe Massen
sich manipulieren lassen.

Doch wem so es wird ergehen,
wie mit Jesus es geschehen,
dem wird solches Leid Er lohnen:
Er wird ewig bei Ihm wohnen.

Erlebte Gotteshilfe

Sehr vieles hab' ich nicht gekonnt.
Ich bin kein Held wie Mr. Bond.
Ich stell' mich auch nicht stärker hin,
als ich in Wirklichkeit es bin.
Und darum fing so mancher Mann
nun über mich zu denken an:
Man merkt es ja, der kann nicht viel,
mit dem hat man ein leichtes Spiel,
dass es mit wenig Mühe glückt,
dass man ihn ganz nach unten drückt.
Jedoch so mancher merkte dies,
dass sich das so nicht machen ließ,
weil immer es um Gott auch geht,
der stets auf Seiten dessen steht,
der Ihm sich völlig anvertraut,
anstatt auf eig'ne Kraft nur schaut,
der ernst es nimmt, dass Gott ihn liebt,
und ihm das, was er braucht, auch gibt,
der so, wie Gott will, sich verhält,
nicht nach dem Maßstab dieser Welt,
wenn irgendjemand darauf dringt,
dass er ihn ins Verderben bringt.
So bleibe ich bei vielem still,
weil Gott nur helfen kann und will;
und das, was man durch Ihn erfährt,
ist mehr als alles andre wert.
Das sind nicht frommer Worte nur.
Das ist es, was ich selbst erfuhr.

Christliche Demut

Ich leb' als Mensch nicht in dem Wahn,
ich sei besonders wichtig.
Entscheidend ist, was Gott getan.
Wer darauf baut, liegt richtig.

Zwar nenne ich auf Erden hier
so manches mein im Leben;
jedoch das alles hat doch mir
der Schöpfer Gott gegeben.

Und das, was ich im Leben brauch',
was in der Welt vorhanden,
das ist doch alles einmal auch
durch Gott, den Herrn, entstanden.

Und hab' ich manches auch gemacht,
dass andre Hilfe hätten,
kann doch, was Jesus hat vollbracht,
für ewig alle retten.

Und dass ich Gott als Vater hab',
kann Jesus Heiland nennen,
ließ mich der Geist, den Gott mir gab,
als wahr und gut erkennen.

So gibt zu Stolz es keinen Grund,
als ob man etwas wäre.
Stattdessen man mit Herz und Mund
stets gebe Gott die Ehre.

Von oben gehoben

So mancher Mensch ist sehr bestrebt,
dass man von unten ihn erhebt.
Man merkt, dass er sich danach sehnt,
dass man ihn lobend oft erwähnt,
dass von den Leistungen man spricht,
von seinen Fehlern aber nicht,
dass man nur Gutes von ihm schreibt,
auch wenn man dabei übertreibt.
Er will, dass stets sehr ehrenvoll
man ihn als Mensch behandeln soll,
dass groß herausgestellt er wird;
und wer ihn kritisiert, der irrt,
und wenn er noch einmal das wagt,
dann wird vielleicht er angeklagt.
So mancher fühlt sich ohne Schuld.
Das ist dann schon Personenkult.

Doch sehe jeder Mensch es ein,
so sollte wirklich es nicht sein.
Viel besser ist, wenn man drauf sieht,
was denn von oben her geschieht,
von Gott, der keinem Menschen gleich,
allmächtig herrscht im Himmelreich
und doch auf diese Erde schaut,
dem Menschen hilft, der Ihm vertraut,
der Seine Forderungen stellt
als Schöpfer und als Herr der Welt,
der liebend an uns Menschen denkt
und gern uns Seine Gnade schenkt,

der viel uns Menschen schon zugut
getan hat und noch immer tut,
da jeder, der getauft als Christ,
mit Christus fest verbunden ist,
der einst zu Weihnacht' zu uns kam
und unsre Sünde auf Sich nahm,
um uns durch Seinen Kreuztod
zu retten aus der Sündennot,
damit wir dann, von ihr befreit
zum Umgang mit Ihm sind bereit,
der von dem Tode auferstand,
damit Er dann an Seiner Hand
uns nach dem Weltende dann
zu Sich in Sein Reich führen kann,
wo der, den Gott dazu erhebt,
dann ewiglich mit Christus lebt.
Das alles kommt mir in den Sinn,
weil ich von Gott gehoben bin.

Kleines Tischgebet

Bevor das Essen wir verzehren,
woll'n wir Dich, Gott, den Schöpfer, ehren,
weil alle unsre guten Gaben
in Dir, Gott, ihren Ursprung haben.

j) ein die Bibel Lesender

Die sieben Sendschreiben Jesu
(Offenbarung 2 und 3)

1. Epheser
Du kannst, was lobenswert sehr ist,
die Bösen nicht ertragen,
doch schlimm, wenn Liebe du vergisst,
muss Ich – meint Jesus – sagen.

2. Smyrna
Bleibst du – sagt Jesus – treu bei mir,
solange du wirst leben,
werd' Ich nach deinem Tode dir
des Lebens Krone geben.

3. Pergamon
Ihr hieltet fest an meinem Wort,
der Glaube war zu spüren.
Doch sind – sagt Jesus – Leute dort,
die andere verführen.

4. Thyatira
Du gibst auf gute Werke acht,
dafür will Ich dich ehren,
doch Schlechtem, das Isebel macht,
sollst du – spricht Jesus – wehren.

5. Sardes
Christ bist du nur dem Namen nach,
doch nicht in deinen Werken,
drum tu – spricht Jesus – wie Ich sprach,
sonst kriegst du es zu merken.

6. Philadelphia
Bei dir – so Jesus hören lässt –
ist echt und tief der Glaube.
Drum halte deine Krone fest,
damit sie niemand raube.

7. Laodizea
Du magst – so redet Jesus nun –
sehr viel Besitz dein nennen;
doch solltest recht du Buße tun,
in Mir das Heil erkennen.

Philosophen und Jesus

Was mancher kluge Denker schrieb
an hochgelehrten Werken,
von vielen ungelesen blieb,
warum, kannst selbst Du merken.

Man liest da wohl manch schönes Wort,
um Glanz dem zu verleihen,
doch finden letztlich sich nur dort
recht kluge Spinnereien.

Doch was dagegen Jesus sprach,
ist einfacher gewesen:
Schlag nur in Deiner Bibel nach,
Du kannst in ihr es lesen.

Es steckt in diesen Worten Kraft,
die Hilfe Dir will geben,
weil Gottes Geist da etwas schafft,
das wirkt zu wahrem Leben.

Sie machen Dich von Sorgen frei,
die Menschen oft bedrücken,
und manchmal spürst Du schon dabei
ein himmlisches Entzücken.

Sie zeigen Perspektiven auf,
die zu beachten lohnen:
Du kannst nach dieses Lebens Lauf
bei Gott dann ewig wohnen.

Sie haben auch ein Fundament,
auf dem sehr fest sie stehen:
Der, den die Bibel Christus nennt,
durch den das Heil geschehen.

Ein Gleichnis Jesu (Matthäus 25, 14-30) und ich

Einst Jesus fing ein Gleichnis an
von anvertrauten Gaben,
die jede Frau, die jeder Mann
von Gott erhalten haben.

Zwei hatten davon dies im Sinn,
zu schaffen höh're Werte.
Sie brachten es auch zu Gewinn,
weshalb sie Jesus ehrte.

Doch einer nicht gehandelt hat
mit dem, was er erhalten.
Für den fand dann Bestrafung statt
für dieses sein Verhalten.

Weil Jesus das so klar gesagt –
und Sein Wort soll doch bleiben –
hab' ich es als Poet gewagt,
Gedichte nun zu schreiben.

Und weil sich ein Verlag dann fand,
der freilich wollt' verdienen,
ist mit Gedichten mancher Band
von mir bei ihm erschienen.

Verderben oder Heil

Gott schuf den Menschen Sich zum Bild,
weshalb für uns als Menschen gilt:
Es findet so das Menschsein statt,
dass man Verstand und Willen hat.

Weshalb es leider oft geschieht,
dass man sich scheinbar Gott entzieht,
weil nur auf sich man ist bedacht,
was Vorteil bringt und Freude macht.

Doch sollte man so stolz nicht sein,
denn Gott holt jeden Menschen ein,
weil jedem schließlich doch der Tod
als Ende seines Lebens droht.

Dann wird es um den Menschen still,
nichts mehr geschieht, wie er es will,
was manchen Menschen sehr erschreckt,
wenn Gott vom Tod ihn auferweckt.

Egal, ob einem das gefällt,
man wird vor Christus dann gestellt,
der bei dem großen Weltgericht
für jeden dann das Urteil spricht.[7]

Es kommt dabei für jedermann
bei dem Gericht zur Sprache dann,
wie er zu seiner Lebenszeit
zum Dienst an andern war bereit.

---

7 Vgl.: Matthäus 25, 31 ff.

Der, dem da Strafe widerfährt,
hat keine Kraft, dass er sich wehrt,
wenn er zum ewigen Verdruss
von Gott weg ins Verderben muss.

Darum, Ihr Menschen, seid doch klug:
weil Christus Eure Strafe trug,
vertraut als Sünder Ihm Euch an,
weil Er Euch ewig retten kann.

Dorthin, wohin Er die Seinen führt,
man niemals mehr ein Leiden spürt.
Nur Gutes, Schönes dann geschieht,
wenn Gott in Herrlichkeit man sieht.

Christliche Existenz

In Kirchen finden Taufen statt,
weil Jesus sie befohlen hat
als etwas, das durch Gott geschieht,
wenn man am Menschen sie vollzieht,
weshalb mit Recht man sagen kann:
Mit Taufe fängt das Christsein an.

Doch ist schon der ein wahrer Christ,
der irgendwann getauft mal ist?
Ist Taufschein einer Karte gleich,
die Eintritt schafft ins Himmelreich,
wenn man zur Sicherheit vielleicht
dann noch die Kirchgeldquittung reicht?

Das ist sie doch schon deshalb nicht,
weil Jesus auch vom Glauben spricht,
von dem die ganze Bibel voll,
dass man an Gott den haben soll.

Und dieser ist nicht so beschränkt,
dass nur man manchmal christlich denkt,
auch darum er nicht nur besteht,
dass es um fromme Worte geht.

Es geht drum, dass man sich verhält,
wie Gott, dem Herrn, es wohl gefällt,
dass man sich Ihm zu eigen gibt,
Ihn mehr als alles andre liebt,
dass man vor allem das hält wert,
was Gott in Christus uns beschert,
dass man im Leben felsenfest
auf Seine Hilfe sich verlässt,
Gott Ehre gibt, die Ihm gebührt,
geschehen lässt, wie Er uns führt,
im Glauben, dass, wo Er führt hin,
am Ende das für sich Gewinn
und bis zum Schluss nicht von Ihm weicht,
damit man dann das Ziel erreicht,
das Er für Christen hält bereit:
Zu sein in Seiner Ewigkeit.

Jesus – das Brot des Lebens (Johannes 6, 35)

Als Jesus wunderbarerweise
5000 Menschen einst gab Speise,
sprach Er am Ende dieses Gebens:
„Ich bin (für Euch) das Brot des Lebens."
Und damit wollte Er erreichen,
dass, wenn wir Ihn mit Brot vergleichen,
wir dieses niemals mehr vergessen:
So wie ein Mensch muss täglich essen,
muss man des wahren Lebens wegen
mit Jesus täglich Umgang pflegen,
denn echtes, wahres, ew'ges Leben
kann Er nur allen Menschen geben.

Doch Jesus sagt da diese Worte:
Ich bin das Brot, nicht: Ich bin Torte.
So mancher würde es begrüßen,
würd' Jesus Leben uns versüßen.
Doch Christsein kann uns auch bereiten
so manche Unannehmlichkeiten.
Wer sein Wort hält, dem wird's geschehen,
dass ihn die andern nicht verstehen,
dass sie da spotten und erklären,
dass Christen doch die Dummen wären,
wenn sie sich solche Mühe geben,
dass nach dem Gotteswort sie leben.
Wenn wir das Leben so gestalten,
dass wir an Gottes Wort uns halten,
wird das manch anderen nicht passen,
die uns vielleicht dann deshalb hassen,
weil sie an unserm Leben sehen:
mit Christus kann es besser gehen.

Doch soll das Brot auch Kräfte schenken,
muss man auch folgendes bedenken:
Man muss es dazu erst verdauen.
Man muss das Brot im Munde kauen,
damit es dann im Magen drinnen
mit Kraft-Bereiten kann beginnen.
So muss des Wortes Gottes wegen
der Mensch es sich auch überlegen,
was Jesus uns in unsern Tagen
mit Seinen Worten denn will sagen.
Dass wir dazu imstande seien,
will Gott uns Seinen Geist verleihen,
dass wir erkennen, was denn heute
Sein Wort uns helfe und bedeute,
damit ein jeder Christ dann werde
ein „Licht der Welt"[8] und „Salz der Erde"[9],
damit es Ihm durch uns gelinge,
dass andre man zu Christus bringe,
damit durch Seine guten Gaben
sie auch das wahre Leben haben.

---

8   Matthäus 5, 14.
9   Matthäus 5, 13.

Der Schatz

Als Hans mal auf den Boden ging,
fand er im Haus dort mal ein Ding,
von dem er, weil es so verstaubt,
dass es nichts wert ist, hat geglaubt.

Er sagte sich: Was soll der Dreck,
er nimmt für andres Platz nur weg.
So schaffte er es aus dem Haus
zur Tonne mit dem Müll hinaus.

Karl, der als Nächstes dort es fand,
hat sofort dessen Wert erkannt.
Es schaffte es zum Händler hin
und machte dabei viel Gewinn.

Als Hans dann davon hat gehört,
war er im Inneren empört.
Er kam vor andern sich so vor,
als wäre er ein großer Tor.

Da habe ich bei mir gedacht,
dass noch viel größ're Torheit macht,
wer so mit einem Schatz verfährt,
der noch von ungleich höher'm Wert.

Der Schatz, um den es dabei geht,
ist das, was in der Bibel steht
von Jesus Christus und dem Heil,
an dem, wer an Ihn glaubt, hat Teil.

Denn Jesus Christus lädt uns ein,
für immer dann bei Ihm zu sein.
Der Auferstandene ging voran,
dass man zu Gott Ihm folgen kann.

Die Möglichkeit des „Nein"

Ich stelle immer wieder fest,
dass Gott mit Sich nicht spotten lässt,
dass es am Ende doch so geht,
wie klar es in der Bibel steht.[10]

Wenn es auch manchmal erst so scheint,
dass, wer sich in der Lage meint,
dass gar nicht mehr er danach fragt,
was Gott zu seinem Handeln sagt
und mit Ihm schließlich so verfährt,
dass er Ihn gar für tot erklärt,
weil er mit aller seiner Macht
auf eig'nen Vorteil nur bedacht,
in dieser leider bösen Welt
mit seiner Meinung Recht behält,
es sich doch irgendwann mal zeigt,
dass Gott zu alledem nicht schweigt,
dass Er mit Seinem Strafgericht
Sein „Nein" zu solchem Handeln spricht.

Dass Gott schon manchmal dieses tat,
zeigt deutlich Deutschlands Nazistaat,
wo man durch Hitlers Größenwahn
so sehr viel Böses hat getan,

wo Juden man ermordet hat
und dann der schlimme Krieg fand statt.

---

10 Galater 6, 7.

Im Osten Deutschlands schlossen dann
die Kommunisten dem sich an,
dass sie sich haben allezeit
in ihrer Überheblichkeit
stolz über Gott hinweggesetzt
und Seine Ehre so verletzt.
Sie alle konnten nicht besteh'n
und mussten schmählich untergeh'n.

Das zeigte sich auch früher schon
wie etwa bei Napoleon,
wo einsam dann sein Tod geschah,
gefangen auf St. Helena.
Und viele bleiben ungenannt,
weil sie nicht so wie er bekannt,
doch setzte es sich immer fort;
es läuft so ab, wie Gottes Wort,
das auch für heute gültig bleibt,
als wahr und gültig uns beschreibt,
dass doch ein Gott im Himmel wohnt,
der Böses straft und Gutes lohnt.

Wer aber sich in seinem Spott
hinweggesetzt hat über Gott
und immerdar nur so gelebt,
dass er nach eig'ner Lust gestrebt,
dem wird anstatt dem ew'gen Heil
nur die Verdammnis dann zuteil.

Maria und Martha (Lukas 10, 38-42)

Zwei Schwestern lebten einst allein,
die Martha und Maria hießen.
Es lud mal Martha Jesus ein
und Jesus kam dann auch zu diesen.

Da hat sich Martha aufgemacht,
damit sie viel für Jesus tue.
Maria aber hat gedacht:
Es braucht der Mensch auch manchmal Ruhe.

Als Martha das zur Kenntnis nahm,
da wollte sie nicht mit ihr streiten,
doch bittend sie zu Jesus kam,
zur Mitarbeit sie anzuleiten.

Sie dachte, Jesus gibt ihr Recht,
Marias Nichtstun doch empörte.
Und darum staunte sie nicht schlecht,
als sie dann Seine Antwort hörte:

Du gibst dir Mühe noch und noch,
das vieles mir zugute käme.
Jedoch das Wichtigste ist doch,
dass Gottes Wort recht ernst man nähme.

Du dachtest, deine Arbeit zählt,
denn vieles tun – das ist sehr wichtig.
Doch hat Maria das erwählt,
was hier in Meinen Augen wichtig.

Es ist wohl unser Menschenwahn,
dass unser Tun wir überschätzen,
was Gott tut, nicht was wir getan,
soll man an erste Stelle setzen.

Was Gott in Christus uns beschert,
das ist es, was kann Heil uns bringen.
Darum ist Gottes Wort es wert,
bei uns in Ohr und Herz zu dringen.

Drum lasst auf Gottes Wort Euch ein!
Kann allen ich den Rat nur geben.
Es geht darum, bei Gott zu sein
in Seinem Reich im ew'gen Leben.

Gewünschtes und gegebenes Zeichen (Matthäus 16, 1-4)

Es gab einstmals unter Juden
solche, die sich für die Guten
unter all den andern hielten
und dabei auch darauf zielten,
dass die andern sie verehrten
als die wirklich Lobenswerten.

Eine Gruppe nun von ihnen
ist bei Jesus mal erschienen
und sie wollten dies erreichen:
Meister, gib uns mal ein Zeichen,
dass wir alle dann es sehen:
Großes kann durch Dich geschehen.

Diese Gruppe wohl sich dachte:
Wenn nun Jesus etwas machte,
was uns allen würde nützen,
würden wir Ihn unterstützen
und Er müsste Sein Verhalten,
wie wir wollen, dann gestalten,
denn wenn wir uns von Ihm wenden,
müsste Er Sein Werk beenden
und so hätten wir dann diesen,
bleibend auf uns angewiesen.

Aber wenn wir nicht zufrieden
sind mit dem, was Er kann bieten,
würden wir Ihn als den Schwachen
so verspotten und verlachen,

dass Ihm niemals kann gelingen,
etwas Großes zu vollbringen,
und wir würden alle warnen:
Lasst euch nicht von Ihm umgarnen.

Was die Leute da verlangten,
sie von Jesus nicht erlangten.
Statt dass sie Erfolg erzielten,
dies als Antwort sie erhielten:
Böse können nicht erleben,
dass ich werde Zeichen geben.
Höchstens kann ein solches Zeichen
dem Propheten Jona gleichen,
der wie jeder selbst kann lesen,
in des Fisches Bauch gewesen,
dass drei Tage und drei Nächte
er als Strafe dort verbrächte.
So es auch mit Ihm dann werde
nach drei Tagen in der Erde.

Und weil die Evangelisten
doch stets dachten an uns Christen,
wollten unsern Blick sie lenken,
dass an Golgatha wir denken.
Da ist es doch so gekommen,
dass man Ihn vom Kreuz genommen,
dass Er dann bestattet werde.
Nach drei Tagen in der Erde
war Er dort nicht mehr vorhanden,
weil vom Tode auferstanden.

Doch nun wollen wir uns fragen:
Was hat das uns jetzt zu sagen?
Es sind doch wir Menschen heute
letztlich auch nicht andre Leute,
als dort vor 2000 Jahren
einstmals es die Juden waren.

Wie sie sollen wir beachten:
nicht das, was wir Menschen machten,
sollten wir vor allem schauen;
nicht auf unsre Klugheit bauen.
Auf das göttliche Geschehen
sollten wir vor allem sehen.
Gottes und nicht unsre Taten
können uns zum Heil geraten.
Christus schenkt uns Seine Gaben,
die wir alle nötig haben,
dass vom Elend dieser Erde
man zu Gott gerettet werde.
Dass wir dieses Ziel erreichen,
dafür ist das Kreuz das Zeichen.

Mose und der brennende Dornbusch
(2. Mose 3, 1-15)

Es lebte in Ägyptenland
ein Mann, den Mose man genannt.
Er war bei Jitro angestellt,
zu hüten Schafe auf dem Feld.
Als er sie auf die Weide trieb,
er eines Tages stehen blieb,
denn seltsam war, was da geschah,
was er mit eig'nen Augen sah.
Ein Dornbusch brannte hell und licht,
jedoch verbrannte er da nicht.
Da trat er langsam dort heran,
dass er das Wunder sehen kann.
Doch als er dabei näher kam,
er eine Stimme laut vernahm,
und diese Stimme rief ihn dann
zweimal mit seinem Namen an:
Tritt weiter hier nicht mehr herzu,
entkleide dich von deinem Schuh,
damit du niemals es vergisst,
dass dieses Land jetzt heilig ist,
denn wo ertönt das Gotteswort,
da heiligt es auch diesen Ort. –
Gott will, wenn Er sich offenbart,
dass man als Mensch Respekt bewahrt,
weil Ihm nur und nicht uns es glückt,
dass man den Abstand überbrückt,
der zwischen uns und Ihm besteht,
weil's um Geschöpf und Schöpfer geht.
Und das bedenk' als Mensch auch recht:
Gott ist der Herr und nicht der Knecht.

Als Mose hört', was Gott da spricht,
verhüllt' er gleich sich das Gesicht
und hörte auch noch dies danach,
wie weiterhin Gott zu ihm sprach:
Ich machte mich schon offenbar
dem Abraham, der vor dir war.
Auch Isaak hat mich gekannt
und ich war Jakob zugewandt;
hab' Israel mit Vorbedacht
alsdann zu seinem Volk gemacht,
weshalb es mich im Innern rührt,
wenn jetzt es so Bedrückung spürt
und in dem Land weit und breit
jetzt jedermann um Hilfe schreit.
Weil euer Leiden ich erkannt'
und ich mich doch mit euch verband,
werd' bald aus der Ägypter Hand
ich führen euch in gutes Land,
dahin, wo Milch und Honig fließt
und gute Früchte man genießt.
Ich setze dich zum Führer ein,
das Volk soll dir gehorsam sein.

Doch Mose spürte gleich die Last,
die Gott ihm damit hat verpasst.
Ich brauche eine Garantie –
so sprach er – sonst schaff' ich das nie.
Gott hörte wohl der Worte Sinn
und sprach zu Mose weiterhin:
Wie ich mit euren Vätern war,
so biete ich auch euch mich dar.
Wie Hilfe einst für sie geschah,
bin ich auch weiter für euch da.

Wenn ihr nach meinem Namen fragt,
dann sei euch dieses jetzt gesagt.
„Ich werde sein" – das ist genug,
was weiter geht, ist neunmal klug.
Ich wünsche, dass ihr an mich glaubt,
mehr wollen, ist euch nicht erlaubt.
Lasst glaubend ihr euch auf mich ein,
dann werdet ihr gesegnet sein.
Und so setzt es sich weiter fort.
Wer an Gott glaubt, hört auf Sein Wort,
auf das er sich dann felsenfest,
auch heute als ein Christ verlässt.
Doch wissen wir: In Jesus Christ
dies Wort ein Mensch geworden ist,
der durch das Werk, das Er vollbracht,
Gott noch viel näher uns gebracht,
und besser als ein Mose man
in Ewigkeit Gott schauen kann.

Nietzsche und Jesus

Was Nietzsches Zarathustra sprach
vor mehr als hundert Jahren mal,
darüber denkt man nicht mehr nach.
Das ist den Leuten jetzt egal.

Jedoch, was Jesus hat gesagt,
wovon die Bibel gibt Bericht,
das ist auch heute noch gefragt,
weil von besonderem Gewicht.

k) ein Mensch mit Humor

Die Reiterin

Sabine, die ein Freund von Tieren,
begann das Reiten zu probieren.
Jedoch die Dame fiel vom Pferde
und fiel hinunter auf die Erde.

Da hat sie sich von ihren Knochen
dabei gleich mehrere gebrochen,
worauf man diese Heldenhafte
weg in ein Krankenhaus gleich schaffte.

Als sie nun dieser Sache wegen
in einem Zimmer dort gelegen,
bin einmal ich zu ihr gegangen
und hab' zu reden angefangen.

„Sie sind sich jetzt da wohl im Klaren:
Es birgt das Reiten auch Gefahren.
Die größte ist von diesen allen,
beim Reiten von dem Pferd zu fallen.

Und wenn nun Ihre Wunden heilen
und Sie bald nicht mehr hier verweilen,
dann sollten Sie sich Mühe geben,
so was nicht noch mal zu erleben.

Sie sollten immer bei dem Reiten
die schlimmsten der Gefahren meiden.
Dann wird das Reiten auch gelingen
und Pferd und Reiter Freude bringen.

Beim Frühstück im Hotel

Es gibt bei uns in unserm Staate
zum Frühstück immer Marmelade,
und damit da eine Auswahl wäre,
von Pfirsich, Erd-, und Preiselbeere
und auch von manchen andern Früchten;
drauf muss man beim Frühstück nicht verzichten.
Für manchen ist des Frühstücks Zierde,
dass Honig er aufs Brötchen schmiere.
Man kann sich auch darauf versteifen,
da auf Nutella zurückzugreifen.
Sehr viele sind darauf versessen,
zum Frühstück auch schon Wurst zu essen.
Seh'n sie da die vielen Scheiben,
dann dürfen die nicht liegen bleiben,
und mancher denkt, zum Kaffeetrinken
gehört ein Brötchen auch mit Schinken.
So mancher will auf alle Fälle,
dass er gekochtes Ei sich pelle.
Manch anderer da mehr dafür sei,
dass es gibt Spiegel- oder Rührei.
Manch einer nicht am Tisch gern säße,
gäb' es nicht auch verschied'nen Käse;
ob von den Kühen, ob von Ziegen
sieht Scheiben man und Stücke liegen.
So mancher mehr in den vernarrt ist,
der weich ist oder den, der hart ist.
So manchen sieht man da auch suchen,
ob irgendwo er sieht den Kuchen,
und mancher will als Essensgaben
auch Müsli oder Joghurt haben –
so sieht bei allen den Genüssen
man keinen Menschen hungern müssen.

Bei der Masseuse

Wenn dich der Arzt schickt zum Massieren,
dann kann dir Folgendes passieren,
worüber ich jetzt im Gedichte
geneigten Lesern gern berichte.

Als ich im Zimmer Platz genommen,
ist eine Frau hereingekommen.
Sie hat sich erst bei mir betätigt,
als ich der Hemden mich entledigt.
Dann musst' ich der Massage wegen
mich bäuchlings auf die Liege legen
und sie begann in meinen Rücken
fest ihre Hände einzudrücken.

Sie merkte bald, dass ich nicht heule,
massiert sie meine Wirbelsäule.
Es will mir sogar eine Freud' sein,
massiert sie nun bei mir das Kreuzbein,
und würde gar mir eine Lust sein,
tut sie das auch bei meinem Brustbein.
Ich ließ auch, ohne zu erschrecken,
sie dann massieren mir mein Becken,
doch kam sie langsam bei dem Steiß an,
da wurde mir auf einmal heiß dann,
weil, als sie da etwas machte,
klammheimlich ich mir dieses dachte:
Ich ließe auch mit mir geschehen,
würd' sie noch etwas weiter gehen.

Vorlieben einiger Leute

Gern Risotto	– isst der Otto.
Mozzarella	– isst gern Ella.
Solche Dinge	– liebt auch Inge.
In Florida	– war schon Ida.
Auch in China	– war schon Ina.
Von der Wolga	– kommt die Olga.
Aus Kleinschirma[11]	– kommt die Irma.
Hosianna	– sprach die Anna.
Ein Dilemma	– war's für Emma.
Nicht gern beugen	– will sich Eugen.
Früher Schreiner	– war der Reiner.
Gutes lernst du	– bei dem Ernst, du.
Unterm Dach im	– Haus saß Achim.
So ein Dingo	– biss den Ingo.
Gut im Judo	– ist der Udo.
Alles Gute	– wünscht mir Ute.
Der Gedanke	– war von Anke.
Einst fand schwer ich	– Onkel Erich.
Hans liebt mehr Wien	– als der Erwin.
Auch dies sollte	– die Isolde.
An des Pruth Rand	– einst die Ruth stand.
Eine Nelke	– gab mir Elke.
Auf dem Diwan	– lag der Iwan.
In Oregon	– war schon Egon.

---

11 Der Ort liegt bei Freiberg.

Hündisches

Es sah Frau Baumann aus den Winkeln,
dass Hunde einen Baum anpinkeln.
Sie sprach mit ihrer spitzen Zunge:
Es sind doch bei den Spitzen Junge;
und dass sie diese Hunderasse
jetzt hier in dieser Runde hasse.
Bei Ziegen wird dem Bock sehr passen,
würd' sie diese Boxer hassen.
Sie kaufte dann auch einen Mopp sich
und sprach: Nun fürchte keinen Mops ich.
Sie weiß, dass seit Oktober man spricht:
Wir mögen ihren Dobermann nicht.
Als sie in Rott in Bayern weilte,
ein Rottweiler dort zu ihr eilte.
Am Straßenrand dort Pudel rasten,
die nirgends in ein Rudel passten.
Ich ging einmal zu jenen Doggen,
die morgens oft mit denen joggen.
Er lobte diesen reinen Setter
als früher einmal seinen Retter.

Hausfrauenmalheur

Weil das Fleisch vom Fleischerladen
stets sie ins Gefrierfach taten,
fand Regina es geraten,
es schon samstags anzubraten,

dass sie dann am nächsten Tage
Gutes auf den Tisch hintrage,
und ihr Ehemann zufrieden
ist mit dem, was sie kann bieten.

Doch anstatt am Herd zu stehen,
wollte einen Film sie sehen,
der im Fernseh'n ist gekommen.
So hat sie sich Zeit genommen,

in der Stube mit gesessen
und das Fleisch dabei vergessen,
um dann plötzlich mit Erschrecken
durch die Scheibe zu entdecken,

dass vom Herde von dem Braten
dunkelgraue Nebelschwaden
ihre Küche ganz erfüllten
und den Blick zum Herd verhüllten.

Und es kam bei dem Gestanke
ihr dann nur noch der Gedanke,
möglichst viel da noch zu retten,
dass sie es zum Essen hätten.

Und so ist trotz ihrem Bangen
es noch halbwegs gut gegangen
und sie musste diese Speisen
nicht gleich in den Abfall schmeißen.

Bekenntnisse einer Masseuse

„Lässt man sich bei uns massieren,
kann vielleicht noch mehr passieren,
wenn die Männer, auch die alten,
wünschen, dass sie es erhalten.

Wonach, manchmal unter Tränen,
Männer sich im Tiefsten sehnen,
kriegen sie bei uns zu spüren,
weil wir sie zur Wonne führen.

Unter unsern zarten Händen
wird bald alles Sehnen enden
bei den Männern, weil wir ihnen
wirklich bis zum Letzten dienen.

Und wir werden strikt verschweigen,
was bei uns ihr konntet zeigen;
und wir werden euch nicht schelten,
ward bei uns ihr keine Helden."

P.S.: Nötig ist es, dass ich ihre
Darstellung jetzt korrigiere.
Fremder Männer Lust zu stillen
tun sie um des Geldes willen.

Geplatzte Geschlechtsumwandlung

Mir fiel jetzt mal die Frage ein:
Wie wär' es, eine Frau zu sein?
Inzwischen weiß doch jeder Mann,
dass so etwas man machen kann.
Man hat inzwischen es gelernt,
dass man vom Mann etwas entfernt,
und anderes wird eingesetzt
und gleich wird eine Frau er jetzt.

Doch bringt für mich das auch Gewinn?
Hat die Geschlechtsumwandlung Sinn?
Ist dieses etwas, das sich lohnt,
wenn man im Frauenkörper wohnt;
vor allem, wenn man jetzt schon alt
und nicht mehr schön ist von Gestalt?
Sind Frauen denn mit Fug und Recht
das wirklich bessere Geschlecht?

Ich würde wohl nach andern Frau'n
dann nicht mehr heimlich um mich schau'n.
Mir fiele nicht der Wunsch mehr ein:
Ach, wäre diese Frau doch mein!
Jedoch wie ist es umgekehrt?
Sind Frauen mehr als Männer wert?

Wer denkt, dass er ein Engel wird,
wenn eine Frau er wird, der irrt.

Es weiß inzwischen jedes Kind,
dass Frauen keine Engel sind,
sind nicht von anderer Natur,
sind wie die Männer Sünder nur,
auch wenn bei sündigem Gescheh'n
teils andre Dinge voran steh'n.
Egal, ob Mann, ob Frau es tut:
Es ist der Mensch nicht immer gut.
Und wenn der Alltag wird bedacht,
ist das, was eine Frau so macht,
von einem höher'n Lebenswert,
sodass Frau-Sein man begehrt?
Die Antwort, die der da erhält,
der eine solche Frage stellt,
sie kann nur deutlich lauten: Nein,
es lohnt nicht, Frau statt Mann zu sein.
Und deshalb bleibe ich doch so
und bin, dass ich ein Mann bin, froh.
Gott hat ja auch es so gewollt,
dass eben ich ein Mann sein sollt'.
Und Er macht schließlich alles recht.
Dass ich ein Mann bin, ist nicht schlecht.

Eskapaden eines großen Philosophen
oder Ine und der Sonntag Kantate

Ine, dieses alte Luder,
heiratete meinen Bruder
und darf nun seit diesen Tagen
Elsässer als Namen tragen.

Doch wär' es dazu gekommen,
dass sie einen Mann genommen,
der statt Elsässer Kant hieße,
welchen Namen trüg' dann diese?

Würd' sie sich dazu bekennen
und sich dann Kant, Ine nennen?
Mancher würd' das missverstehen
und in die Kantine gehen.

Ach, ich fänd' das gar nicht schade,
wo selbst eine Gattin Ate
sich dazu hat überwunden,
dass sie sich mit Kant verbunden.

Und so widme diese Strophen
ich dem großen Philosophen,
der sich einst in schwachen Stunden
so mit Frauen hat verbunden.

In Zwickau

In Zwickau war'n im Dome Letten.
Die aßen so gern Omeletten.
Und darum gingen diese Buben
dann nebenan in „Wenzels Stuben".
Jedoch da sollte es sich rächen,
dass Letten eben lettisch sprechen.
Es hat sie niemand dort verstanden,
weshalb sie wieder schnell verschwanden.

Die wunderbare Adelheid

Es ist für mich die Adelheid,
egal, ob mit, ob ohne Kleid,
für heute und für alle Zeit
im ganzen Lande weit und breit
die wirklich allerschönste Maid;
und dabei ist sie sehr gescheit.
Das sage ich ganz ohne Neid.
Ich gebe gern ihr das Geleit,
egal, ob's regnet oder schneit
und ob der Weg auch noch so weit.
Und wenn dann jemand zu mir schreit:
„Ich habe mich doch ihr geweiht",
dann scheue ich auch keinen Streit
und trage gern auch manches Leid.
Für sie bin dazu ich bereit;
es fehlt mir dazu nie der Schneid.

Peter K.

Wenn heute man den Peter sieht,
dann wirkt er wirklich sehr solid.
Jedoch ist einem gar nicht klar,
ob früher er denn auch so war.

Der Peter hatte Sexappeal,
was allen Frauen sehr gefiel.
Er war ein wunderschöner Mann
und zog die Frauenherzen an.

Doch dann kam er in feste Hand,
was alles Flirten unterband.
Seit dieser Zeit ist es vorbei
mit aller seiner Liebelei.

Doch wenn des Nachts der Schlaf ihn flieht,
so manche er vor Augen sieht,
die groß ihn anschaut und ihn fragt:
Was hat an mir Dir nicht behagt?

Auf der Toilette

Es war einmal in einer Stadt,
die einen großen Namen hat,
da habe ich mal eine Nacht
in einer Pension verbracht.
Ich hab' dort angenehm geruht,
und auch das Essen war recht gut,
doch stellte sich mir dieses dar,
als ich auf dem Klosett dort war.
Am Morgen nach dem Morgenschiss
das Klopapier war dünn und riss,
bis ich dann auf den Einfall kam,
dass ich es eben doppelt nahm.
Ich ging, als ich den Raum verließ,
zum Chef und sagte zu ihm dies:
Ich hatte Angst bei Ihnen hier,
dass ich die Hände mir beschmier.
Ach legen Sie, wenn fort ich bin,
doch dickeres Papier dann hin.

Denn ganz gewiss soll Freude sein,
wenn man als Mensch nimmt Speisen ein;
doch sei auch Freude, wenn der Rest
den Menschen wieder dann verlässt.

Herr Lohse

Es kaufte oft Herr Lohse Lose
und hoffte auf den Hauptgewinn.
Jedoch er kriegte nie den, Nieten
zog immer er seit Anbeginn.

Die Zentralveranstaltung

*(nach der Melodie: „Abends wenn ich schlafen geh"
aus „Hänsel und Gretel")*

1. Unsre ganze Hautevollee
   ich jetzt hier versammelt seh';
   auch den Bürgermeister
   und die Spitzen der Partei'n
   stellen auch sich heute ein,
   auch sehr kleine Geister.

2. Essen gibt's als Angebot:
   Kekse und belegtes Brot,
   lauter Häppchen.
   Guten Wein gibt es und Sekt,
   alles hier sehr lecker schmeckt;
   und es sind doch Schnäppchen.

3. Wenn die Rede dann beginnt,
   alle nicht mehr nüchtern sind,
   doch das will nichts sagen.
   Denn was irgendjemand spricht,
   kümmert doch die andern nicht.
   Man muss es ertragen.

Herrn Dr. Tümpel gewidmet

In Zwickau in dem Stadtbereich
gibt es den schönen Schwanenteich.
Doch wichtiger für diese Stadt
ist, dass sie einen Tümpel hat.

Herr Dr. Tümpel machte schon
so manche Operation
und jeder ist ihm dankbar dann,
wenn wieder gut er laufen kann.

Italien

Man kann, so will ich Euch belehren,
Italien den Rücken kehren
und doch – und das ist kaum zu fassen –
den Po in diesem Lande lassen.

Vor einem Einkauf

Bei Meyers einmal dies geschah:
Als die Frau Meyer einmal sah,
als sie zur Toilette ging,
dass da nicht viel Papier mehr hing,
sprach sie zu ihrem Ehemann:
„Fährst bald zum Einkaufen du dann,
dann bring für uns doch bitte sehr
auch Toilettenpapier her!"
Damit ihr Mann das nicht vergisst,
weil er ja so vergesslich ist,
versuchte sie es mit Gesang,
der bald schon in sein Ohr dann drang.
Vom Komponisten Weber sie
entnahm da ihre Melodie;
vom „Freischütz" war es ganz exakt
vom Anfang aus dem ersten Akt.
Den Text sie dabei sich erfand,
weil bei dem Tanz dort keiner stand.
Und was sie ihrem Mann sang vor,
das haftete bei ihm im Ohr:
„Was will der Opa hier,
er will wohl Klopapier.
Was will der Opa hier,
er will wohl Klopapier …"

Der Weisheitszahn

Das Leben ist nicht nur Genuss.
Ein Mensch auch manchmal leiden muss.
Bei Jenni war's der Weisheitszahn.
Er hat ihr mal sehr weh getan,
weshalb sie zu dem Zahnarzt ging.
Er sprach: „Heraus muss dieses Ding."
Da kriegte Jenni einen Schreck.
„Ist dann auch meine Weisheit weg?"
Da sprach zu ihr der Zahnarzt: „Nun,
das hat mit Weisheit nichts zu tun.
Kein Mensch hat, wenn die Stelle leer,
dann plötzlich keine Weisheit mehr!"
Weil Jenni das getröstet hat,
fand bald darauf die Ziehung statt,
und Jenni kam es in den Sinn:
Ist auch mein Weisheitszahn dahin,
an Weisheit weiter mir nichts fehlt,
und das allein ist es, was zählt.
Nun geht es Jenni wieder gut,
weil ihr der Zahn nicht weh mehr tut.

l) ein Glied der Kirche

In einem Kirchensaal

Es war in einem Kirchensaal,
wo man im Kreise stand,
als da der Pfarrer dies befahl:
Nun gebt euch eure Hand!

Es stand Frau N. dort neben mir.
Als sie das ausgeführt,
da habe ich sofort bei ihr
im Innern dies verspürt:

So wie beim Trinken schon ein Schluck
dem Körper Stärkung gibt,
zeigt manchmal schon ein Händedruck,
dass jemand einen liebt.

Obwohl es nichts Besond'res war,
dass meine Hand sie nahm,
empfand ich das als wunderbar,
weil es vom Herzen kam.

Ordinationsjubiläumsfeier 2017

Wir sitzen jetzt in diesem Saal
und denken dran, dass dazumal
ich nach Kleinwaltersdorf herkam
und dieses seinen Anfang nahm,
dass von Beruf ich Pfarrer war
und Menschen Gottes Wort bot dar.

Das ist jetzt 50 Jahre her,
darum bemühte ich mich sehr,
dass ich an diesen Ort fuhr hin,
wo ordiniert ich worden bin.

Nur sieht es mir jetzt jeder an:
Ich bin nun schon ein alter Mann.
Doch hoff' ich, dass, was einst fand statt,
man doch nicht ganz vergessen hat,
denn dies bleibt auch im Herzen mir:
Man tat mir sehr viel Gutes hier.

Manfred und seine Gedichte

Er zeigt, wie es in Büchern steht,
Verstand bei den Gedichten.
Jedoch, wenn ihm um Gott es geht,
will er darauf verzichten.

Er schätzt des Menschen Denken sehr
beim Reden, Tun und Lassen.
Jedoch bei Gott gibt es ein „Mehr",
das kann das Hirn nicht fassen.

Es gilt bei dem, was Gott betrifft,
was Er uns offenbarte.
Drum lesen wir die Heil'ge Schrift,
die dieses uns bewahrte.

Was da zur Kenntnis man erhält,
was sie uns wichtig machte,
heißt: Christus ist das Heil der Welt,
der uns Erlösung brachte.

Damit man dieses recht bedenkt,
worum es da will gehen,
hat Gott uns Seinen Geist geschenkt,
dass wir das auch verstehen.

Wo solche Demut unterbleibt,
beim Reden, Schreiben, Dichten,
sind Worte, die man sagt und schreibt,
nicht mehr als nur Geschichten.

Und alles, was man da erfährt,
mag noch so klug es klingen,
ist letztlich absolut nichts wert,
kann keine Hilfe bringen.

Drum hab' von Gott ich nicht im Sinn,
viel Neues da zu lehren.
Es reicht mir, wenn ich Helfer bin,
Gott mehr noch zu verehren.

Hass und Liebe – Islam und Christentum

Es sei stets der Person gewehrt,
die Hass auf andre Leute lehrt,
denn wenn sich der entwickelt hat,
dann finden schlimme Dinge statt.

Doch sei stets die Person geehrt,
die Liebe zu den Menschen lehrt,
denn wenn man dementsprechend tut,
dann geht es uns auf Erden gut.

Drum sei jetzt der Vergleich gewagt,
was Mohammed, was Jesus sagt,
was da im Blick auf den man meint,
der scheinbar oder wirklich Feind.

Herr Mohammed schreibt mit Genuss,
dass Feinde man vernichten muss,
wobei er sogar unverblümt
den Krieg als gut und heilig rühmt.

Wie Jesus sagt, soll Liebe sein,
auch einen Feind mit schließen ein,
weil eben Liebe auch nur dann
die Feindschaft überwinden kann.

Nun sage man, was besser ist,
lebt man als Moslem oder Christ.
Stellt man es vorurteilslos dar,
dann ist die Antwort, denk' ich, klar.

Festgedicht zur Amtseinführung des neuen Superintendenten Harald Pepel

im Dom St. Marien am Sonntag Invokavit 5. März 2017

Heute hier die Domgemeinde
mit uns Pfarrern sich vereinte,
jedenfalls mit denen, die wir
wohnen in der Ephorie hier,
um mit Freuden zu begehen,
dass es endlich ist geschehen,
dass wir die Vakanz beenden
mit dem Superintendenten,
den man, wie es sich gebührte,
heute in sein Amt einführte.
Möge er sein Amt so führen,
dass wir alle klar es spüren,
er will uns als Freund begleiten,
dienend und nicht herrschend leiten,
und als Brüder, Schwestern lieben,
so wie Jesus vorgeschrieben.
Dann, Herr Ephorus, wir Ihren
neuen Stand gern respektieren.

Und auch wir, die Emeriten,
wollen Sie jetzt gütigst bitten,
dass Sie uns nicht ganz vergessen,
sondern auch gedenken dessen,
dass wir immer noch vorhanden
und im Dienst der Kirche standen.
Sicher wird es sich auch lohnen,
wenn Sie sehen, wo wir wohnen,
und wenn wir bei unsern Festen
Sie auch sehen bei den Gästen.

Dabei möchte ich jetzt wagen,
klar und deutlich dies zu sagen,
dass wir gern noch Dienste taten,
wenn uns andre darum baten,
jedenfalls solang' wir glaubten,
dass die Kräfte es erlaubten.

Doch weil wir durchaus verstehen,
es darf nicht um uns nur gehen,
wünschen nicht nur unseretwegen
diesem Mann wir Gottes Segen,
dass er darin Luther gleiche,
dass sein Wort recht viel erreiche.
Möge Gottes Geist es geben,
dass wir dann bei ihm erleben:
Hier war nicht nur Menschenstärke,
nein, hier war Gott selbst am Werke,
denn nur Gott kann Kirche bauen,
wenn wir Ihm uns anvertrauen.

Im Gottesdienst

Im Gottesdienst die Liturgie
ist wirklich gut, ich schätze sie.
Sie ist durchtränkt von Gottes Wort.
Das setzt die Predigt oft nicht fort.

Da gibt ein Pfarrer uns oft bekannt,
was gestern in der Zeitung stand.
Dann gibt er einen Kommentar,
der in der Zeitung besser war.

Mit klugen Worten er ermisst,
wie in der Welt es jetzt so ist.
Gern stimmt er in die Klage ein:
Sehr ernst muss unsre Lage sein.

Da sitzt man da und fragt sich: Wann
fängt endlich er zu sagen an,
was Gott für Forderungen stellt
und was der Mensch von Ihm erhält?

Da sitzt man da und hofft und hofft,
doch leider recht vergeblich oft.
Man hofft, dass Gott da zu uns spricht,
doch wie man hört, geschieht das nicht.

Für den, der auf die Kanzel tritt,
geb' jetzt ich diesen Ratschlag mit:
Ach, bitte Gott um Seinen Geist,
der uns an Jesus Christus weist,

um den es letztlich immer geht
bei dem, was in der Bibel steht;
in Ihm geschah, was uns betrifft.
Er ist die Mitte Heil'ger Schrift.

Er hat für uns in Gottes Macht
das Heil, das nötig ist, vollbracht.
Bei Ihm man Gottes Nähe spürt,
und Er ins Gottesreich uns führt.

Wenn ihr als Pfarrer dann es wagt,
dass ihr das klar und deutlich sagt,
dann auch bei uns Erfolg man sieht,
wie das woanders schon geschieht.

Christliche Kirche und Menschen

Solange die Kirche schon besteht,
es stets in ihr um Menschen geht,
weil nur durch Menschen das geschieht,
was man da hört und was man sieht.
Der Kirche doch stets daran liegt,
dass man etwas zu hören kriegt,
und Worte gibt mit seinem Mund
ein Mensch dem andern Menschen kund.
So ist der Mensch hier in der Tat
der Adressant und Adressat.
Doch es ist falsch, wenn jemand denkt,
dass sich's aufs Menschliche beschränkt;
dass jemand, der stets sehr gefällt,
dann ganz besond'res Lob erhält,
und den, der nicht so wirken kann,
den setzt man eben hintenan.
So lobt man oder macht man schlecht,
doch so etwas ist gar nicht recht:
Das machte Paulus einmal klar
bei dem, wie in Korinth es war.[12]
Da gab es bei den Christen dort
verschied'ne Gruppen an dem Ort,
die je nach Menschen sich genannt,
was Paulus ganz unmöglich fand,
obwohl auch mancher in der Stadt
als paulisch sich bezeichnet hat.

---

12 1. Korinther 1, 10-17; 3, 5-11.

Ein jeder, der als Christ getauft,
der ist mit Christi Blut erkauft,
der an dem Kreuz einst für uns starb
und so uns Gottes Heil erwarb;
und ist man Christi Eigentum,
entfällt doch aller Menschenruhm,
denn Christus ist der Kirche Haupt,
an den ein jeder Christ recht glaubt,
sodass es Christen darum geht,
das Er im Mittelpunkt stets steht,
der einst auf Erden Sich befand
und für uns starb und auferstand.
So hat die Kirche dann nur Sinn,
weist sie auf Jesus Christus hin.
Hat jemand anderes höher'n Wert,
ist in der Kirche das verkehrt.

Festgedicht zur Amtseinführung eines Pfarrers

Vom Ort Steinpleis war bekannt
bis hin zu Sachsens Rändern:
Hier ist die Pfarrstelle vakant.
Das soll sich wieder ändern.

Aus diesem Grund suchte man
als Pfarrer einen neuen.
Nun fängt hier Pfarrer Peters an.
Da darf man sich doch freuen.

Die Gottesdienste hält er jetzt
an Sonn- und Feiertagen.
Ich hoffe, dass man das recht schätzt.
Das will ich Euch jetzt sagen.

Es ist ein Pfarrer dazu da,
Euch dieses zu verkünden:
Gott ist zu Eurem Heil Euch nah,
vergibt Euch Eure Sünden.

Drum hört drauf, was der Pfarrer spricht,
der jetzt bei Euch vorhanden.
Das gilt auch für den Unterricht
für Euch, Ihr Konfirmanden.

Ein Pfarrer ist ein Mensch wie Ihr.
Das solltet Ihr bedenken,
doch dem, was er verkündet hier,
die Aufmerksamkeit schenken,

weil es um Gottes Auftrag geht:
was Er gibt, weitergeben,
und darin unser Heil besteht –
bei Gott das ew'ge Leben.

Kirche und Nichtgedeihlichkeit

Bei bedrohlichen Problemen
kann die Kirche jederzeit
Dein Gesetz in Anspruch nehmen,
das der Nichtgedeihlichkeit.

Da kann einen Streit man lösen,
dass die Wahrheit nicht gewinnt,
sondern immer nur die Bösen
dann am Ende Sieger sind.

Da wird es dann so geschehen,
dass kein Streit mehr findet statt;
denn wer schwach ist, kann es sehen,
dass er keine Chance hat.

Kann man so den Streit auch stillen,
gibt die Kirche doch das Bild,
dass in ihr jetzt Gottes Willen
leider gar nicht viel mehr gilt.

Darum möchte es erfahren
jeder, der die Kirche liebt,
dass schon in den nächsten Jahren
das Gesetz es nicht mehr gibt.

Wenn man betend ist verbunden
und auf Gottes Wort recht hört,
dann wird friedlich überwunden,
was die Eintracht so zerstört.

Lösung der Städte (Gedicht: Verborgene Städte, S. 72)

Enden	Ahlen
Fritzlar	Dachau
Singen	Roth
Berlin	Hof
Gera	Ahaus
Jena	Weimar
	Greiz
	Stade
Pirna	Wesel
Halle	Weiden
Hildesheim	Erlangen
Meerane	Eisenach
Riesa	Aalen
Unna	Ulm
Lemgo	Passau
Zeitz	Leer
Thale	Kiel
Iserlohn	Dessau
Schwerin	Essen
Rheine	Thale
Wolgast	Bergen
Ludwigslust	Aurich
Herne	Hagen
Taucha	Borna
Gotha	Münster